NOUVEAU

TABLEAU DE PARIS

AU XIXme SIÈCLE.

I.

PARIS.— IMPRIMERIE DE COSSON,
rue Saint-Germain-des-Prés, n° 9.

NOUVEAU
TABLEAU DE PARIS

AU XIX.ᵐᵉ SIÈCLE.

TOME PREMIER.

PARIS.
LIBRAIRIE DE MADAME CHARLES-BÉCHET,
QUAI DES AUGUSTINS, N° 59.

M DCCC XXXIV.

PARIS
MODERNE.

ESQUISSE HISTORIQUE.

I.

Paris Gaulois, Romain et Frank.

AVANT les derniers séjours de l'Océan sur nos continens, le bassin central de l'Ile de France, au dire des géologues, fut long-temps celui d'un grand lac méditerranéen. Nous n'avons point à remettre en lumière les faits et gestes des créatures qui ruminaient alors sur ses rivages touffus, ou nageaient à travers ses roseaux et ses herbes vigoureuses; durs pachydermes, palœotheriums pesans, timides anoplotheriums, peuple aux formes bizarres et insaisissables, évoqué des carrières de Montmartre, comme de sépulcres millénaires, par le génie puissant de Cuvier.

Nous nous en tiendrons à la venue aux bords de la Seine d'une espèce bimane beaucoup plus récente.

Ce ne fut que fort tard qu'on vit la race humaine s'établir dans l'île principale de la *Sequana*.

Un siècle ou deux avant Jésus-Christ, on rapporte qu'une petite tribu du nord des Gaules, chassée de sa terre natale par quelque *clan* supérieur en force, vint chercher un asile sur les frontières et sous la protection du grand peuple sénonais (Kimro-Champenois).

Les réfugiés éparpillèrent leurs cabanes par l'île devenue leur place de refuge, bâtirent quelques tours carrées et massives à sa pointe occidentale, vivant, à l'abri de leur forteresse grossière, des ressources que leur offraient, pour la chasse ou la pêche, les bois, les marais et le fleuve.

Telle est l'origine de Lutèce ou Lucotèce.

En vraie parvenue, l'orgueilleuse a voulu depuis renier ses premiers parens : elle s'est fait fabriquer une généalogie par les d'Hozier du moyen âge, et s'est donné sans façon Hector le Troyen pour aïeul, et le beau Pâris pour parrain.

Lucotèce emprunta peut-être son nom du mont Lucotitius, aujourd'hui la montagne Sainte-Geneviève : on fait dériver celui des Parisiens qui la fondèrent du celtique *bar* ou *par*, analogue au tudesque *mark*, marche, frontière; leur territoire séparant ceux de quatre nations puissantes du nord des Gaules, les Sénonais, les Rèmes, les Suessions et les Carnutes.

Les y voilà établis en paix !

Ils ne la conserveront que peu d'années.

Entendez-vous ces bruits sinistres qui s'élèvent à la fois de l'Arvernie, de la terre des Eduens, de la forêt sainte des Carnutes?

La terre gallique est envahie : les hommes bruns du sud s'avancent à la faveur des divisions de la Gaule; Julius Cæsar est à Lutèce, et Camulogène, chef de la ligue du nord, à laquelle adhèrent les Parisiens, est mort avec ses vaillans à Issy, sous les coups du Romain Labienus !

Pauvre Lucotecia ! tu soulèves à peine ta tête enfantine entre les saules de ton fleuve, que déjà la civilisation se rue sur toi comme sur une proie !

La civilisation gangrénée de Rome, ivre de sang et de débauche, qui s'impose par le fer, et infiltre violemment ses germes de mort dans les veines des nations !

Cependant l'inoculation salutaire du christianisme commence à lutter contre ces principes destructeurs : les autels de Jupiter et de Bacchus quittent leurs patrons pour la Vierge et les Saints; les Pierres-Levées de Cernunnos, le dieu cornu des Parisiens, croulent devant la Croix.

Lutèce, enclavée avec ses dépendances dans la première, puis dans la quatrième Lyonnaise, sort lentement de son berceau : les huttes de boue et de roseaux se changent en édifices de pierre; des voies romaines sillonnent les marécages; la navigation et le commerce, le mouvement d'un camp établi en permanence sur l'emplacement actuel du Luxembourg, vivifient les rives de la Seine; des monumens encore isolés s'élèvent sur les hauteurs, dont les flancs se tapissent de vignes et d'*oliviers*; deux grands aqueducs s'allongent, l'un de Chaillot jusqu'au moderne Palais-Royal, l'autre d'Arcueil au palais des Thermes, bâti probablement par Constance Chlore, père de Constantin, dit le Grand; enfin, dans un premier *palais de justice*, siégent des curiales, fonctionnaires municipaux succombant, là comme dans le reste de l'empire, sous l'onéreuse hérédité de leurs offices; car Lutèce est maintenant *municipe*, grâce au

César Julien : elle a droit de cité ; elle a perdu son nom pour celui de *Civitas Parisiorum.*

Mais les destinées de l'empire s'accomplissent : il se débat dans une longue agonie, et les barbares s'abattent de toutes parts, comme des hordes de loups et de vautours, sur l'immense cadavre palpitant encore.

Un moment on oublie la terreur qu'inspirent les sauvages guerriers de la Germanie : on se serre contre eux avec effroi, car eux du moins sont des hommes, et les nouveaux ennemis qui s'avancent passent pour des démons sortis du grand abîme.

Les Parisiens épouvantés voient s'avancer vers leur île Attila suivi d'un déluge de hideux Tartares ; mais les oraisons de la bergère de Nanterre ont détourné *le fléau de Dieu,* et Lutèce reconnaissante consacre plus tard à sa protectrice le mont Lucotitius ;

Gracieuse et naïve légende qui contraste singulièrement avec la burlesque histoire de saint Denis.

Ce personnage problématique, qui dispute à l'authentique saint Martin de Tours l'honneur d'avoir chrétienné les Gaules, est véhémentement soupçonné d'une étroite parenté avec son devancier Bacchus-Eleutherus-Dionysius.

Les Huns sont disparus comme une nuée de

sauterelles balayée par le vent d'ouest; mais les races teutoniques ne quitteront plus la Gaule.

En 486, Chlodewig (Clovis) s'élance de la Belgique à la tête de toutes les tribus frankes; bientôt Paris est englobé dans les vastes conquêtes du vainqueur des Romains, des Allemands et des West-Goths; puis, devenu l'une des résidences du monarque à demi nomade, il le voit expirer après trente ans de sanglans triomphes; et les restes de Chlodewig et de sa femme Chlodechilde ou Clotilde sont déposés dans la récente basilique de Saint-Pierre et Saint-Paul, appelée depuis Sainte-Geneviève.

Ainsi l'enfance de Paris, durant cinq siècles, s'est écoulée sous la domination romaine.

Maintenant, Paris adolescent doit se plier au joug de nouveaux maîtres!

Il sera lourd pour la triste cité; car les Franks sont rudes et cruels au vaincu. Ils ont laissé leurs sauvages vertus dans les forêts de Teutsch, et n'ont pris à la civilisation que ses vices.

Du haut des Thermes ravis au gouverneur romain, ou du *palais*, veuf de ses magistrats municipaux, le kong ou roi du sang des Mérewings plane comme un mauvais génie sur la contrée qu'il torture sans fin.

Voyez Chilprik enlevant par force les hommes

libres à leurs foyers, à leurs biens, à leurs familles, pour les envoyer en Espagne grossir la pompe du cortége de sa fille, fiancée au roi des West-Goths; voyez-le écrasant de taxes et de priviléges les foires locales, derniers débris du commerce qui s'en va comme les lumières et les lettres; Chilprik, digne époux de l'infâme Frédégonde, et qui termine d'habitude ses ordonnances par cette formule : « Si quelqu'un s'écarte de nos commandemens, qu'on lui arrache les yeux. »

Leudes, Antrusthions et Bers renchérissent sur les exactions et les cruautés du chef.

Et de qui l'infortuné Parisien implorera-t-il aide et justice?

Le comte chargé de régir leur ville, et ses scabins ou assesseurs, ne sont-ils pas eux-mêmes les frères et les complices des oppresseurs?

Et cependant, parmi ces calamités, la *cité* se couvre d'églises : d'autres édifices sacrés surgissent çà et là au nord et au midi de la Seine, sur les monts Lucotitius, Cetardus (dont le nom, étrangement défiguré, se retrouve encore en celui de la rue Mouffetard), dans la plaine à l'ouest du palais des Thermes, etc.

Entre tous resplendissaient d'un merveilleux éclat la basilique de Saint-Vincent et Sainte-Croix, fondée par Childberht, fils de Chlodewig, et toute dorée par lui des dépouilles rapportées du sac de Tolède.

Les concessions de terrains et de vassaux octroyées par Childberht à cette église, où il fut enseveli avec son épouse, la reine Ultrogothe, sont l'origine de la riche et puissante abbaye Saint-Germain-des-Prés, dont la plus haute tour, encore subsistante, est l'ouvrage de ces temps reculés, et date de près de treize siècles.

A l'ombre de chaque couvent, de chaque moûtier, s'agglomère la population, demandant à tout prix aux reliques des saints et au clergé, leur puissant dépositaire, un appui contre ses tyrans.

Ainsi se forme autour de la Lutèce primitive une ceinture de bourgs semés de distance en distance comme les jalons du Paris moderne.

Ainsi, ces priviléges et ces jurisdictions épiscopale et abbatiales, si désastreux postérieurement pour la cité adulte, prêtent un secours intéressé à ses premiers développemens.

Tandis que la Gaule septentrionale tour à tour se fractionne en trois et quatre états, ou se concentre sous une seule épée pour se briser de nouveau, Paris passe également de main en main, capitale tantôt d'un royaume partiel, tantôt de tous les Franks réunis, puis simple chef-lieu d'un duché compris dans le West-Rike ou Neustrie

(France de l'ouest), jusqu'à la chute définitive des enfans de Chlodewig et l'avénement de Karle-le-Martel et de Pippin-le-Bref.

Soudain le colosse de Charlemagne surgit rayonnant de la nuit des temps barbares : tout l'occident respire à l'abri de sa main protectrice. Les lettrés de la Grande-Bretagne et de l'Italie s'assemblent sous ses auspices; les écoles se rouvrent, l'industrie renaît, les excès des comtes sont réprimés, et Paris s'émerveille à la splendide cérémonie du partage de l'empire entre les fils du maître de l'Europe.

Mais l'œuvre sans base du grand homme s'écroule dès que la mort a détendu le bras qui la soutenait : la barbarie a ressaisi sa proie, et les ténèbres s'épaississent de nouveau sur la Gaule désolée.

Paris n'avait point été la capitale de Charlemagne, dont la résidence la plus habituelle était Aix-la-Chapelle.

Celle-ci demeura ville impériale, et quand les Karlings ou descendans de Charlemagne eurent perdu le titre d'empereurs, et se virent réduits au royaume démembré de Neustrie, Paris ne succéda point à la cité germanique arrachée de leurs mains débiles.

Il était lui-même séparé de leur étroit domaine,

et ne leur reconnaissait plus qu'une vaine suzeraineté.

La féodalité était née d'entre les débris de l'empire : les ducs, les comtes, les bers ou barons avaient fixé l'hérédité dans leurs fiefs viagers, et fait souches de dynasties par toute la Gaule.

L'île de France relevait de la plus puissante de ces nouvelles races : dans Lutèce siégeaient les ducs de France, comtes de Paris, dont les forces matérielles autant que le caractère énergique écrasaient le faible roi de Laon et de Soissons.

Près de quatre siècles ont habitué Paris à cette domination franke, qui se transmet aux générations abâtardies et résignées comme un mal héréditaire.

Il végète, il obéit et se tait.

Tes jours sont jugés trop prospères sans doute, ô Lutèce !

Regarde à l'ouest : ces *almadies* hérissées de fer qui remontent ton fleuve comme des hordes de requins aux dents aiguës, ce ne sont plus seulement les extorsions et le servage qu'elles t'apportent ; mais l'incendie et le carnage, suivis de l'horrible famine !

Déjà les hommes du nord, après avoir ravagé la Neustrie, ont par trois fois surpris Paris sans défense : la cité a été livrée aux flammes, les tombeaux de Chlodewig et de Chlodechilde ont été renversés avec la basilique de Sainte-Geneviève qui les renfermait, Saint-Germain-des-Prés ou Saint-Vincent, abandonné au pillage.

À peine Paris s'est-il relevé de ses ruines, qu'une vaste flotte, chargée de trente mille Normands, reparaît à la pointe de la Cité.

Mais une enceinte de murailles protége maintenant l'île des Parisiens, et de fortes tours de bois défendent les têtes du Grand et du Petit-Pont [1] qui la joignent à la terre ferme.

Derrière ces murs se tiennent le redoutable comte Eudes de Paris et l'évêque Goslin, prélat guerrier et turbulent qui oppose sans peur sa crosse épiscopale à la bannière sanglante du corbeau.

Après treize mois d'inutiles efforts, Siegfried et ses avides compagnons lèvent le siége de lassitude : bientôt après l'enthousiasme des Franks élève Eudes à la dignité royale.

Ce n'est pourtant pas encore le défenseur de Paris qui fixera la couronne dans sa maison : elle retournera, peu après sa mort, sur le front d'un *Karling* dégénéré, jusqu'à ce qu'elle échappe sans retour à la maison du grand Karle.

---

[1] Le Grand-Pont, actuellement le Pont-au-Change.

Du siége de Paris date la gloire de la cathédrale, jusqu'alors tenue dans l'ombre par les opulentes abbayes de Sainte-Geneviève et de Saint-Germain-des-Prés. D'innombrables reliques avaient été entassées à l'abri des murs de la Cité, et confiées à la bonne foi du batailleur Goslin.

Ses successeurs gardèrent si bien ce précieux dépôt, qu'il ne sortit jamais de leurs mains, et concentra dans leur île les hommages et les dons qui enrichissaient jadis les légitimes propriétaires.

Cependant le temps est arrivé d'une révolution depuis long-temps inévitable, et dont les suites seront immenses pour le sort de Paris.

Huë ou Hugues Capet, comte de Paris, se fait couronner roi à Noyon, au détriment du *légitime* Charles de Lorraine.

La crise qui a renversé la postérité de Chlodewig aux pieds de Karle-le-Martel a retrempé de germanisme l'esprit de la conquête : celle qui brise le trône des Karlings repousse au contraire l'influence teutonique, rompt tous les liens des Franks avec la mère-patrie, et, sans améliorer beaucoup immédiatement le sort du peuple, lui donne une sorte de nationalité commune avec ses dominateurs, en amenant l'adoption d'une même langue, étrangère au tudesque, jusqu'alors conservée par ceux-ci.

Alors finissent les temps barbares, et commence le moyen âge proprement dit.

Alors se constitue le royaume de France, dont Paris devient pour jamais la capitale.

II.

Paris au moyen âge.

Cette grande période historique s'ouvre pour la cité des Capets sous de sinistres auspices.

Les guerres civiles, les dévastations des Normands, complétées par les barons franks, laissent après elles d'affreuses pestilences, le terrible *mal des ardens*, et de telles famines, qu'à diverses reprises on voit les hommes s'entre-dévorer comme des bêtes sauvages.

Cependant, ces paroxysmes d'atroces convulsions s'affaiblissent peu à peu; l'état habituel de la bonne ville redevient tolérable et relativement prospère, bien qu'au dehors rugissent toujours les luttes féodales, qu'au dedans les *chevaucheurs* et *preneurs du roi* célèbrent chaque entrée royale en pillant par chaque logis les meubles échappés aux taxes et aux tailles des huit ou dix tyranneaux, clercs ou laïcs, qui se partagent la ville et les faubourgs.

La vivace Lutèce grandit sous les avanies; elle étend ses bras au loin, tandis que plusieurs règnes successifs s'occupent à relever les moûtiers ruinés par les Normands, et à en édifier d'autres.

Robert rétablit Saint-Germain-des-Prés et Saint-Germain-l'Auxerrois, rebâtit et *aourne* les palais de la Cité et de Saint-Martin-des-Champs. Henri Ier remplace ce dernier par une florissante abbaye.

Louis-le-Gros, à ce qu'on présume, construit les deux Châtelets en tête du grand et du petit ponts, et enferme pour la première fois les faubourgs hors la Cité d'une enceinte fortifiée.

Puis le Louvre sort de terre à la voix de Philippe-Auguste, le Louvre, de la grosse tour duquel relèveront tous les grands vassaux du royaume. Les fossés du Paris continental s'élargissent de nouveau, englobant nombre de clos ou cultures qui se transmueront peu à peu en populeux quartiers; on entame le défrichement d'un grand marais qui s'étendait de la rue Saint-Antoine à Chaillot : les principales rues qui se croisent au centre de la Cité, commencent à secouer leur boue séculaire, et se dallent de larges carreaux de grés; des aqueducs, des fontaines s'élèvent ; une lutte interminable s'engage entre l'esprit de bien-être et d'amélioration et le monstre du méphytisme tapi dans Lutèce comme dans son antre.

Une fermentation immense bouillonne dans toutes les têtes, se manifeste sous toutes les formes !

C'est la civilisation moderne, dont le génie isolé de Charlemagne a tenté en vain de hâter le réveil !

Son temps n'était pas venu : aujourd'hui, elle n'attend pas qu'une voix impériale l'appelle de sa tombe ; elle se lève d'elle-même, au murmure confus du monde en travail.

Voyez surgir la masse glorieuse de Notre-Dame de Paris ! L'architecture *gothique* est née, fille du génie chrétien et de l'art oriental, et les églises grossières, les misérables chaumières qui déshonorent la surface de la capitale, vont disparaître en grande partie devant un autre Paris monumental, pittoresque et grandiose.

Voyez cette jeunesse innombrable affluant de tous les points de la France et bientôt de l'Europe, devers la partie méridionale de la ville.

Le malheureux Abélard a fondé la renommée des écoles de Paris, ébauchée par son maître Guillaume de Champeaux : la théologie, obscurément confinée dans le cloître Notre-Dame et les deux grandes abbayes, s'en élance, ramenant par la main les sciences oubliées et perdues; la rive gauche de la Seine se couvre de colléges et d'écoles, dont la réunion prend bientôt le nom imposant d'Université, devenu également celui de tout le Paris trans-séquanien.

Entendez-vous ces cris de liberté qui se répondent de ville en ville autour de la capitale! c'est le tiers-état qui apparaît soudain entre le roi et les barons! ce sont les municipes éteints au Bas-Empire, qui renaissent énergiques Communes! La race gauloise n'est plus tout entière en servage!

Paris, trop étroitement comprimé par le prévôt royal, successeur des comtes et vicomtes d'autrefois, par les officiers de l'évêque, des abbés de Saint-Germain-des-Prés, Sainte-Geneviève, du doyen de Saint-Germain-l'Auxerrois, etc., n'a pu prendre une part directe au mouvement politique de la bourgeoisie provinciale; mais cette grande impulsion n'a pas été entièrement perdue pour lui.

Les scabins ou échevins sont pris désormais parmi les citoyens : les métiers s'associent en confréries et corporations; la police du prevôt et des seigneurs ecclésiastiques étant jugée insuffisante par le roi lui-même, les bourgeois obtiennent l'autorisation de s'organiser en compagnies du guet pour la sûreté de la ville, et bientôt apparaissent en outre les confréries des archers, arbalétriers et arquebusiers de Paris.

Telle est la faible origine de ces gardes bourgeoises dont l'institution doit recevoir un jour de si prodigieux développemens.

L'industrie subit la loi du progrès universel, bien que resserrée dans la voie du monopole : la *hanse* parisienne, ou compagnie *de la marchandise de l'eau*, qui exploite seule les transports par la voie de la Seine, acquiert une haute importance et des richesses considérables.

L'abbé de Saint-Germain-des-Prés, le doyen de Saint-Marcel affranchissent une partie de leurs serfs.

Cependant, la barbarie ne cède le terrain que pied à pied : elle insulte à sa rivale par les fêtes des Fous et les insensées *barbatoires*, bacchanales issues de celles du paganisme ; elle retourne contre la civilisation ses propres armes ; les écoles deviennent un foyer plus actif de désordres que de lumières ; leurs masses de jeunes *gars*, pauvres, turbulens et débauchés, répandent le trouble et la terreur dans Paris, rançonnent et outragent la bourgeoisie, bravent le prevôt et les magistrats tremblans devant les exorbitans priviléges de l'Université, et ensanglantent sans cesse le *Pré aux Clercs* de leurs rixes avec les vassaux de l'abbaye

Saint-Germain-des-Prés, leur éternelle ennemie.

Les plus épaisses ténèbres pesaient toujours sur l'administration de la justice : les plaids se dénouaient encore par les atroces et ridicules épreuves de l'eau et du feu, ou par le duel judiciaire.

Mais Louis IX, le premier souverain qui, depuis Charlemagne, ait travaillé sciemment au bien du peuple, fait luire les premiers rayons dans ce hideux chaos : grâce à lui, la preuve par témoins commence à se substituer au combat en champ-clos; des magistrats, clercs ou laïcs, s'introduisent au lieu et place des grossiers barons dans le conseil politique, administratif et judiciaire de la couronne; ce conseil, d'abord ambulatoire à la suite des rois et convoqué au besoin, s'assemble bientôt à deux époques fixes de l'année, sous le nom de Parlement, puis s'installe en permanence au Palais de la Cité, à lui concédé par Philippe-le-Bel, et nommé désormais Palais de Justice.

Le parlement se compose dès lors de la chambre des requêtes, qui reçoit les plaintes et demandes au civil des particuliers, des trois chambres des enquêtes qui les examinent et en font rapport à la grand'chambre, où se débattent les plaids;

Plus, de la chambre de la Tournelle qui juge les affaires criminelles.

Ainsi naît cette cour souveraine de parlement qui, tout en participant aux erreurs et aux vices des siècles qu'elle traversera, sera long-temps l'unique rempart des peuples contre l'aristocratie sacerdotale ou féodale, puis contre la royauté même.

Le règne de saint Louis avait vu fonder une autre institution dont les humbles commencemens n'annonçaient guère la future puissance;

La Sorbonne, association de pauvres docteurs qui s'érigèrent peu à peu en un formidable tribunal de conscience;

La Sorbonne, juge sans appel de toutes les hautes questions spirituelles et temporelles, soutien ou rivale des papes, épouvante des rois!

Philippe-le-Bel, surnommé le faux-monnoyeur, pour avoir altéré les monnaies à l'exemple de plusieurs de ses ancêtres, rendit Paris témoin d'horribles scènes.

En 1310 et 1314, le champ Saint-Antoine, et l'une des petites îles de la Seine (aujourd'hui le môle où s'élève la statue de Henri IV), virent brûler vif le grand-maître de l'ordre du Temple et soixante de ses chevaliers, coupables d'avoir lutté d'orgueil et de richesses avec le pape et le roi de France.

La fameuse tour du Temple, construite sous

Louis VII, passa avec ses dépendances aux mains des chevaliers de Saint-Jean de Jérusalem.

Au nord de Paris s'élèvent les piliers de Montfaucon, voirie humaine où doivent être suspendus tant de cadavres illustres ou infâmes ;

Depuis le ministre Enguerrand de Marigny qui les fit dresser, et les essaya le premier, abandonné sans sépulture aux bêtes de proie, tandis que le royal maître, dont il n'avait été que le complice, allait dormir en pompe à Saint-Denis ;

Jusqu'à Gaspard de Coligny, la plus grande des victimes du fanatisme !

Pendant ce temps, s'il en faut croire la tradition, la Seine roule les corps des amans d'une reine, précipités par l'impudique Jeanne de Bourgogne des fenêtres de la tour de Nesle.

Dans les réduits infects des nombreux nécromans, les nobles hommes *envoultent* leurs rivaux par des cérémonies sacriléges : les mêmes mains qui égorgent ou pillent les Juifs, comme ennemis de Notre-Seigneur, se lèvent vers l'esprit des ténèbres pour l'appeler au secours de leurs vengeances.

Satan règne dans les hauts lieux avec ses acolytes, ignorance, cruauté, débauche et superstition.

Ils sont loin les jours du bon roi Louis IX.

Mais tandis que le hideux cortége se prélasse autour du trône et sur le trône, l'humanité ne s'arrête pas; elle marche toujours, même à travers la fange et le sang.

Le génie de l'association enfante mille corporations bizarres dans leur forme, utiles et vivifiantes dans leur pensée, car il fallait l'indépendance locale avant la liberté nationale, l'esprit de corps avant l'esprit public.

Ce sont les basoches du Palais et du Châtelet, formées, la première, de tous les clercs du Parlement, la seconde, de ceux des officiers royaux attachés à la juridiction du prevôt et de la chambre criminelle :

C'est le haut et souverain empire de Galilée, composé des clercs de la chambre des comptes; ce sont les confrères de la Passion, dont les mystères et moralités ressuscitent la poésie dramatique morte avec l'antiquité ;

Et nombre d'institutions analogues, gratifiant presque toutes leur chef du titre de roi, comme si le souvenir du pouvoir monarchique devait peser sur la population jusque dans les bruyantes joies qui étourdissaient parfois ses misères.

L'art continue d'édifier ses œuvres à côté de celles du despotisme : le dauphin Charles, depuis Charles V, commence ce vaste hôtel Saint-Paul, dont l'hôtel de Sens nous offre encore un débris. Le Palais, le Louvre se réparent et s'agrandissent, et la Bastille exhausse ses tours hideuses.

De nouveaux ponts, bâtis en pierre, ceux de Saint-Michel et de Notre-Dame, s'élanceront un peu plus tard entre la terre ferme et la Cité.

La hanse parisienne n'est plus une compagnie d'humbles trafiquans ; elle siége en qualité de corps municipal à la maison-aux-piliers, bientôt nommée l'Hôtel-de-Ville, et son chef, sous le nom de prevôt des marchands, est désormais le premier magistrat civil de Paris.

Grâce à l'Université, mère d'innombrables enfans, au Parlement, qui attire en foule dans la capitale la noblesse et le haut clergé, la population est à l'étroit dans l'enceinte de Philippe-Auguste.

Cette fois, c'est un simple prevôt des marchands qui reculera les bornes de la grande ville, et l'entourera de fossés remplis par les eaux de la Seine.

Ce prevôt, c'est Etienne Marcel.

Son rôle va devenir bien extraordinaire : le tiers-état, dont les forces ne se sont encore essayées qu'en efforts locaux, va prendre part aux affaires de la France, et Marcel sera un moment son chef.

Les Etats-Généraux, assemblés en 1356, durant la captivité du roi Jean, imposent au dauphin

Charles un conseil de douze prélats, douze nobles et *douze bourgeois*.

Marcel le dirige avec l'aide de Robert Lecoq, évêque de Laon : le dauphin refuse de faire justice aux plaintes du peuple ; Marcel soulève les Parisiens, invente les barricades [1], et fait massacrer les instigateurs des actes funestes du jeune prince.

Mais bientôt, placé entre le dauphin, qui assiége Paris, et le roi de Navarre, Charles-le-Mauvais, qui lui offre son aide, le prévôt cède aux manœuvres de l'artificieux monarque : les Parisiens, redoutant plus encore Charles de Navarre que Charles de Valois, s'irritent, l'abandonnent, et Marcel tombe égorgé en voulant livrer la porte Saint-Antoine aux troupes anglo-navarroises.

Le dauphin rentra dans Paris quelques jours après, ressaisit le pouvoir absolu, et deux siéges successifs par le roi de Navarre et celui d'Angleterre, le fameux Édouard III, mirent le comble aux maux de la capitale.

Paris ne goûta un peu de repos sous le règne

---

[1] Marcel fit le premier barrer les rues avec des chaînes de fer : plus tard, on perfectionna beaucoup le système des barricades. Un quadruple rang de barraques pleines de sable et de pierres de taille enferma les chaînes, s'élevant à une grande hauteur.

de Charles V, ce même dauphin, corrigé par l'âge et l'expérience, qu'afin de reprendre haleine pour soixante ans d'effroyables calamités.

Mais son peuple s'est senti désormais : il ne courbera plus sous les fléaux qui l'accablent une tête passive ; il participera aux luttes dont il est le prix et la victime, tantôt avec la juste indignation de l'opprimé, tantôt avec la rage aveugle de l'esclave révolté !

Les oncles du roi mineur, Charles VI, ont poussé à bout les Parisiens à force d'extorsions et de rapines.

Soudain un cri de vengeance monte vers le ciel : les percepteurs des impôts sont assommés par les maillets de plomb des insurgés, appelés pour ce fait maillotins : des excès vengent d'autres excès.

Une partie des coupables sont mis à mort : la masse de la population, étrangère à ces désordres, n'en refuse pas moins d'assouvir la rapacité des princes; un instant, des intelligences secrètes ont lié les bourgeois de Paris aux vaillantes communes de Flandre.

Si Van-Arteveldt eût triomphé à Rosebeck, une révolution démocratique eût peut-être étonné la fin du quatorzième siècle.

Mais les Flamands ont succombé, le roi et ses

oncles rentrent vainqueurs dans Paris, et les princes se gorgent d'or et de sang après avoir violé les plus saintes promesses d'amnistie. Ils s'entredéchirent à leur tour, pour s'arracher la tutelle d'un roi en démence; de leurs haines atroces est née la guerre des Armagnacs et des Bourguignons, lutte exécrable, où les deux partis rivalisent de forfaits et d'infamies.

Paris, entre deux maux, choisit la faction de Bourgogne : occupée par les Armagnacs ou Orléanais, l'Université livre une de ses portes[1] aux Bourguignons : tous les notables du parti opposé sont jetés dans les cachots; et, durant plusieurs mois, d'horribles massacres de prisons ensanglantent la capitale.

Ce sont les bouchers, les écorcheurs, la partie la plus sanguinaire de la populace, surnommés cabochiens du nom de leur chef, qui se livrent à ces fureurs, à l'instigation du duc Jean de Bourgogne, lequel, assure-t-on, fraternisa publiquement avec le bourreau de Paris.

Jean de Bourgogne tombe à son tour victime d'un crime digne des siens, et le fléau de la domination étrangère va remplacer celui de la guerre civile.

[1] La porte de Bussy.

Plus heureux que les Normands de Siegfried, leurs aïeux, les Anglais de Henri V s'installent en maîtres dans Paris.

Mais ce n'est pas la force des armes qui leur en a ouvert l'entrée.

Entraîné par sa femme, l'odieuse Isabeau de Bavière, et par Philippe de Bourgogne, qui poursuit à outrance la vengeance de son père, le malheureux Charles VI a déshérité son fils pour livrer sa couronne à Henri de Lancastre.

Dix-sept années durant pesa sur la capitale l'avare tyrannie des Anglais et des traîtres qui les avaient appelés.

Jeanne la Pucelle livra en vain un rude assaut à la ville proche la butte Saint-Roch : blessée et forcée à la retraite, ce fut là le premier des revers qui devaient, peu après, amener la fin de sa glorieuse vie.

Huit ans après, ses compagnons d'armes, Richemont et Dunois, la vengent : ils pénètrent dans Paris à la faveur d'une formidable insurrection populaire; la garnison anglaise est taillée en pièces, ou jetée hors de la ville.

L'étranger l'évacue, pour n'y plus rentrer de quatre siècles; mais il lui laisse pour adieux la famine et la peste, qui l'avaient déjà ravagée après le massacre des Armagnacs; et la dépopulation est telle, que les loups viennent par les rues dévorer les cadavres, *voire* plusieurs personnes vivantes, disent les chroniques.

L'église actuellement subsistante de Saint-Germain-l'Auxerrois, l'hôtel des Tournelles, abandonné par le régent anglais Bethfort à Charles VII, son vainqueur, furent les monumens de la domination britannique, qui introduisit en outre dans Paris le bizarre spectacle de la danse Macabre ou danse des morts.

La seconde moitié du quinzième siècle voit s'élancer à pas de géant le progrès universel presque interrompu par les désastres de la période précédente.

Mais l'accroissement du luxe et des lumières n'améliore guère les mœurs sociales : la prostitution pullule, se carrant sous les modes extravagantes et ruineuses de l'époque; les étuves et les bains, renouvelés de la Gaule romaine, souillent plus d'âmes qu'ils ne purifient de corps, et l'immense foire Saint-Germain, qui s'étale chaque année des Chartreux au carrefour Bussy, sous la protection intéressée de l'abbé de Saint-Germain-des-Prés, favorise également l'extension du libertinage.

La poste ouvre au gouvernement avec toutes les parties de la France des communications rapides, dont la société entière obtiendra plus tard la jouissance.

La science médicale s'épure des folles pratiques de la magie, et l'École de médecine est fondée.

L'artillerie, introduite en occident au quatorzième siècle, a détruit pour toujours le vieux système militaire.

Ainsi ces deux sciences grandissent ensemble, comme pour opposer à une plus vaste destruction d'hommes un plus large déploiement de moyens de salut.

On prétend que promesse et menace n'ont pas été plus fidèles l'une que l'autre[1].

Les arts suivent la même impulsion avec un développement inconnu jusqu'alors.

Une découverte qui complète la sphère de l'intelligence humaine, peu d'années avant que Christophe Colomb ait complété la sphère matérielle du monde, l'imprimerie va changer la face de l'Europe.

L'unité catholique et la féodalité touchent à leur fin.

L'âge de transition commence.

---

[1] Il est incontestable que les guerres modernes ne sont pas plus meurtrières que leurs devancières. (*Voyez* le *Traité de la Milice française*, par le P. Daniel, etc.)

III.

Paris au seizième siècle.

Il s'annonce comme apportant à la France et à sa capitale un avenir prospère, ce siècle naissant, le plus remarquable de tous ceux que nous offre l'histoire depuis l'avénement du christianisme.

La royauté, trop souvent dure, oppressive et vivant encore sur les traditions de la conquête, semble se faire bienveillante et nationale.

Le *tiers* est en grande considération près d'un roi simple, droit et bonhomme, beaucoup plus prisé des petites gens que d'une noblesse dont il réprime les excès.

Louis XII, le père du peuple, a remplacé sur le trône des lis la branche aînée des Valois, éteinte dans le belliqueux Charles VIII ;

. Louis XII, qui s'essaie, au grand contentement des bourgeois de Paris, à porter la main sur les priviléges de l'Université, et recule effrayé devant la suspension de tous les cours et les tumultes scholastiques ;

Louis XII, qui se laisse mettre en scène, avec une admirable longanimité, dans les farces et *sotties* des clercs de la Basoche et du Châtelet, origine de la comédie, comme les mystères, de la tragédie.

Les *enfans sans souci*, régis par le *prince des sots*, et associés aux confrères de la Passion, les écoliers, au fond de leurs noirs colléges, répètent à l'envi les essais encore informes de la scène.

L'art, que le moyen âge a concentré tout entier dans l'architecture, fend maintenant son tronc puissant en branches diversement glorieuses : si l'architecture gothique s'en va pour n'être plus égalée ni remplacée, les chefs-d'œuvre de la peinture, de la sculpture et des lettres en dédommageront Paris, après Florence et Rome.

Ce mouvement général, artistique, littéraire, scientifique, métaphysique, annonce-t-il un âge de bonheur qui ne sera point acheté par de sanglans débats ?

Déceptions éternelles !

La presse, ce véhicule universel des grandes choses et des inepties, des connaissances utiles et des chimères, va devenir l'instrument frénétique des haines religieuses : les bûchers sacrés remplaceront bientôt les échafauds profanes, et l'on s'égorgera au nom du Saint Père et de la liberté de conscience, comme jadis en celui du roi, des seigneurs ou des communes.

Louis, le roi bourgeois, est mort.

François Ier, le roi chevalier, lui succède.

Et tôt, écus d'or de rouler, finances si bien et à si grand'peine ordonnées, de se départir au plus vite, taxes et tailles de revenir peser sur les épaules du pauvre Parisien!

Ne faut-il pas de l'or aux gens de cour, des joyaux à ces nobles courtisanes qui briguent les faveurs du roi très-chrétien!

Quelques parcelles du large gaspillage tombent cependant en de plus pures mains : les artistes et les savans ne sont pas repoussés du banquet, des chaires de langue grecque, hébraïque, etc., s'élèvent dans l'université, et forment le *Collége de France.*

Insuffisante compensation des exemples corrupteurs de François Ier, de l'excès des impôts, du fatal établissement de la loterie, et des horreurs qui vont suivre!

La réforme religieuse, déjà toute puissante dans le nord de l'Allemagne, avait fait d'assez grands progrès parmi les lettrés et les docteurs en théologie de Paris.

François Ier avait d'abord protégé, au moins tacitement, les partisans des nouvelles opinions.

Il se laissa enfin entraîner aux insinuations du chancelier Duprat, le plus vil des hommes, et du cardinal de Tournon, chargés des intérêts de la cour de Rome.

Les persécutions commencent : l'imprimerie est proscrite *sous peine de la hart*, puis rétablie avec la censure pour correctif; un tribunal d'inquisition est érigé à Paris ; dans le parlement, que dirige l'influence du premier président Lizet, créature de Duprat, s'établit une *chambre ardente*, chargée de juger les hérétiques, et les places publiques de Paris resplendissent des flammes qui dévorent ces infortunés.

La plus illustre des victimes est le docte imprimeur Étienne Dolet, dont la mémoire sera toujours en vénération aux lettres !

La plupart des poëtes et des savans que François Ier avait appelés autour de lui, se dispersent et fuient une terre désormais inhospitalière.

Après que *le mal de Naples*, si terrible au seizième siècle, a donné la mort au roi François Ier, les bûchers se rallument avec une nouvelle fureur, durant toute la vie de son fils Henri II, faible monarque entièrement dominé par le sanguinaire cardinal de Lorraine et d'autres princes de la maison de Guise.

Le parlement se montre pourtant las de prendre part à ces sacrifices humains, et empêche l'introduction en France du Saint-Office, que les Guise voulaient organiser à la manière de l'Espagne ; mais les inquisiteurs de la foi n'en continuent pas moins leurs effroyables travaux jusqu'à ce que Henri II tombe blessé à mort dans un pas d'armes à l'hôtel des Tournelles.

Alors seulement les prisons s'ouvrent et se vident, grâce à la courageuse humanité du chancelier Michel de L'Hôpital.

Puis Paris voit commencer la régence de la Médicis, perpétuée sans fin à travers les règnes de trois rois, ses fils, dont le premier expire avant d'être homme, dont les deux autres resteront mineurs pour toutes choses, hormis pour le crime !

Longue bacchanale de meurtres et de débauches, que traînera Catherine avec les empoisonneurs et les astrologues amenés par elle d'au delà des monts, avec les femmes perdues et les hommes infâmes qu'elle recrute autour d'elle en France !

Et cependant, étrange contraste ! les arts traversent avec une gloire toujours croissante cette période de corruption.

De nouveaux monumens embellissent Paris chaque jour.

Dans un temps plus heureux, le cardinal d'Amboise, ministre éclairé du bon roi Louis, a décoré le quartier Saint-Benoît de l'hôtel de Clugny. Saint-Merry, fidèle à l'école du moyen âge, Saint-Eustache et Saint-Étienne-du-Mont, enfans de la transition architecturale, ont signalé la période suivante. Le *Vieux-Louvre* actuel s'élève ensuite sur l'emplacement des tours massives de Philippe-Auguste, et l'on entreprend la galerie qui le joindra plus tard au château des Tuileries, bâti par ordre de la régente. La noble fontaine des Innocens semble purifier les charniers qui l'avoisinent. Les vastes constructions de l'Arsenal sont continuées durant plusieurs générations royales.

Alors fleurissent vingt grands hommes, architectes, sculpteurs, peintres, que la France n'emprunte plus à la patrie de Michel Ange; alors brillent Jean Cousin, et Bullant, et Pierre Lescot, et Philibert Delorme, et surtout cet immortel Jean Goujon, que le fanatisme égorgera tout à l'heure comme il a brûlé Étienne Dolet.

Des troubles et des rixes incessans préludent dans Paris aux fureurs des guerres religieuses : depuis que la liberté de conscience est tolérée par la régente, qui s'efforce de garder la neutralité entre les deux religions pour les dominer également, des siéges de *prêches*, des combats dans les rues ont remplacé les exécutions judiciaires.

Pour accroître les élémens de désordre que fermentent dans la capitale, voici que les jésuites, institués depuis peu d'années, parviennent à s'installer rue Saint-Jacques : ils entament dès leur turbulent avénement leur lutte éternelle contre le parlement, qui a voulu les repousser de Paris, et contre l'université, dont ils viennent sans façon partager les priviléges.

Pendant ce temps, L'Hôpital crée la jurisdiction des juges et consuls, d'où procède notre tribunal de commerce, sage réforme qui proclame déjà partiellement le principe du *jugement par ses pairs*.

Une autre ordonnance du roi institue des capitaines, lieutenans et enseignes en chaque quartier de Paris, régularisant ainsi la milice bourgeoise, déjà subsistante depuis longues années.

La guerre civile a éclaté dans les provinces : elle est venue plus d'une fois aux portes de Paris, dont la population presque entière est demeurée dans le giron de l'église catholique.

Deux partis, également redoutés de Catherine de Médicis et de son fils Charles IX, se disputent et déchirent la France, celui des Guise ou des catholiques ardens, et celui des Bourbons, chefs de la religion réformée, dans la petite cour desquels se sont réfugiées les dernières traditions de Louis XII, échappées à la hideuse corruption des derniers Valois.

Le peuple de Paris, irrité des dévastations commises par la noblesse protestante, fanatisé par des prédicateurs dont l'or des ennemis de la France entretient peut-être le zèle, se montre tout dévoué aux Guise, dont les éclatantes qualités font ressortir encore plus vivement les vices ignobles de la famille royale.

Catherine, long-temps flottante, cède enfin aux intrigues de l'Espagne, se jette à corps perdu dans la faction *papiste*, et de noires trames sont ourdies.

Tout à coup la paix se conclut, grâce à la conduite éminemment conciliatoire de la reine-mère : on décide de cimenter la concorde par l'union de Henri de Bourbon, roi de Navarre, avec la princesse Marguerite, sœur du roi Charles IX. L'amiral de Coligny et tous les principaux huguenots sont attirés à Paris, pour les fêtes de ce mariage et pour de prétendus projets de guerre contre l'Espagne.

En vain la reine de Navarre, mère du nouvel époux, est-elle morte subitement de façon surprenante, en vain Coligny a-t-il essuyé un coup d'arquebuse d'un assassin aposté, rien ne peut dessiller les yeux des protestans. Le roi n'est-il pas accouru chez l'amiral blessé, jurant par le Sang-Dieu qu'il ferait bonne justice des meurtriers, et s'écriant :

— À vous, la blessure, à moi, la douleur, mon père !

Les huguenots ne se réveillent que le 24 août 1572, jour de Saint-Barthélemy, alors que la cloche de Saint-Germain-l'Auxerrois et celle de l'horloge du Palais donnent le signal aux bataillons d'égorgeurs armés dans l'ombre autour d'eux.

Ce sont les Parisiens, c'est la garde bourgeoise qui s'élance sans remords à cette œuvre exécrable, avec les sicaires des Valois et des Guise.

Car ce peuple, toujours de bonne foi dans ses crimes comme dans ses grandes actions, pense prévenir par un juste châtiment les auteurs d'un complot, contre lequel le roi requiert son assistance.

Coligny, son gendre Théligny, La Rochefoucauld, le professeur Ramus ou La Ramée, le sculpteur Jean Goujon, etc., périrent la première nuit du massacre qui se prolongea dans tout le cours du mois suivant.

Paris, pendant bien des jours, offrit un spectacle digne de l'enfer. Ses ruisseaux roulaient teints de sang, et la Seine coulait pesamment, ralentie par des milliers de cadavres !

Huit à neuf mille personnes de tout sexe et de tout âge avaient partagé le sort de Coligny. Mais Catherine et ses acolytes n'atteignirent pas le but de tant d'horreurs !

La soif de la vengeance décupla les forces des reste du protestantisme, et la lutte recommença plus acharnée et plus interminable.

Henri III, successeur de Charles IX, avait donné d'horribles gages au parti ultrà-catholique par sa participation aux massacres.

A peine monté sur le trône sanglant de son frère, il se voit arracher par un complice le fruit de ses crimes : c'est le duc de Guise qui a recueilli seul cette confiance populaire si chèrement achetée.

En vain le roi très-chrétien se promène-t-il par la ville sous le sac des pénitens, suivi des compagnons de ses monstrueuses débauches ;

En vain se déclare-t-il chef de la *Sainte-Union* que vient de créer le duc de Guise, sous prétexte de défendre la religion ;

Le peuple parisien, entré en masse dans la nouvelle ligue catholique, raille hautement les momeries sacriléges dont le dernier Valois entremêle sa crapuleuse vie, et l'on cache à peine le projet de substituer aux Capets la maison lorraine de Guise, soi-disant issue de Charlemagne.

L'orage éclate le 12 mai 1588. Les Gardes françaises et suisses, qui occupaient militairement la ville, se voient soudainement cernées par les barricades qui surgissent de toutes parts : elles sont attaquées, vaincues, désarmées, et le roi, menacé dans son Louvre, quitte Paris et s'enfuit jusqu'à Chartres.

Henri III se vengea en lâche, en assassinant son vainqueur aux états de Blois, après une feinte réconciliation.

A la nouvelle de ce meurtre, Paris reprend les armes avec des hurlemens de fureur. Henri de Valois est anathématisé dans toutes les chaires comme un *Hérode* maudit de Dieu; la Sorbonne délie les Français du serment de fidélité, posant hardiment le principe que l'on peut déposer et mettre à mort les tyrans. Les seize quartiers de Paris sont gouvernés par autant de meneurs de la ligue, qui forment le fameux conseil des Seize, et le duc de Mayenne, frère du feu duc de Guise, est déclaré chef de la *Sainte-Union*.

Henri III, qui s'était jeté entre les bras de ces protestans dont il avait été le bourreau, reparaît bientôt devant Paris, avec son beau-frère le roi de Navarre.

Mais le poignard d'un jeune fanatique, le jacobin Jacques Clément, met à néant ses menaces et les nouveaux forfaits qu'il médite.

Henri de Bourbon prit le titre de roi de France en vertu du droit d'hérédité. La ligue ne pouvait reconnaître en cette qualité le chef des hérétiques, et celui-ci s'efforça en vain de pénétrer dans Paris par le faubourg Saint-Germain.

Il revint bientôt l'assiéger en forme, et la disette ne tarda pas à y sévir cruellement.

Les sermons des prédicans de la ligue, les *monstres* ou revues où défilaient solennellement moines et frocards, l'escopette sur l'épaule et le *pot* en tête, les processions que menaient par les rues des milliers d'individus des deux sexes, dans l'état de nature, ne ramenèrent pas l'abondance au sein de la ville resserrée de tous côtés par les troupes royales.

La détresse des Parisiens rappela les horribles fléaux des anciens temps : après avoir dévoré jusqu'aux chiens et aux rats, l'on en vint à faire du pain avec les os des morts, enlevés aux charniers des saints Innocens !

Les maladies et la famine enlevèrent un nombre immense de personnes ; la malheureuse cité, que les généraux ligueurs et les troupes castillannes accourues à leur aide empêchaient d'entrer en composition, était réduite à une extrémité sans exemple, lorsque Henri IV se vit obligé de lever le siége pour aller au devant d'une nouvelle armée espagnole.

Bien que la guerre se prolongeât encore quelques années, l'ardeur ligueuse des Parisiens ne se releva pas de cette crise terrible : le duc de Mayenne, appuyé sur ses propres troupes et sur les soldats étrangers, avait comprimé violemment la tendance démocratique des Seize ; maître pour maître, il n'y avait pas à hésiter entre lui et le Béarnais.

L'abjuration de celui-ci vint à propos rassurer les catholiques sincères, et, peu de mois après, quand le comte de Brissac, gouverneur de la ville, lui en eut vendu les portes, le peuple n'offrit à l'entrée de Henri IV aucune résistance.

Paris ne devait plus revoir les guerres de religion.

Ainsi finit ce siècle de misères enfermé entre deux haltes de bien-être et de bonheur, entre Louis XII et Henri IV.

Après la longue série de calamités que vient de clore le triomphe du Béarnais, la civilisation se retrouve plus avancée qu'à la suite du règne heureux de Louis XII : chose étrange que cette marche de l'humanité avançant éternellement malgré les fléaux toujours renouvelés sur sa route.

Le progrès va se poursuivre durant tout le cours de la monarchie bourbonnienne, depuis l'instant où elle se lève jeune, forte et nationale avec Henri IV, jusqu'à ce qu'elle se pourrisse dans les fanges de Louis XV pour ébranler enfin l'Europe de sa chute.

IV.

Paris sous les Bourbons.

Henri IV, devenu roi, ne fit pas mentir les espérances qu'avait données le Béarnais : sous son administration, secondée par le zèle et le patriotisme du duc de Sully, la capitale effaça bientôt la trace des maux qui avaient presque changé en déserts ses quartiers populeux.

L'enceinte de Paris recule de nouveau, tandis que son intérieur s'assainit et se décore : le Pont-Neuf, entrepris sous Henri III, joint le faubourg Saint-Germain au quai de l'Ecole : la Place-Royale et le Marais se bâtissent sur l'emplacement de l'ancien Hôtel des Tournelles : la Cité s'agrandit des îlots voisins, où s'élèvent bientôt la Place Dauphine et le môle destiné plus tard à supporter la statue de Henri-le-Grand : l'île Saint-Louis, jusqu'alors inhabitée, ne tardera pas à se couvrir de rues aérées et régulières ; l'Hôtel-de-Ville, dont la façade appartient au temps de Henri II, se répare et s'achève ; les quais se revêtent, les rues se pavent.

Les coches commencent à circuler dans ce Paris, où les dames du plus haut parage ne cheminaient jadis qu'à cheval ou sur des mules : les manufactures s'établissent ; les carrousels, les jeux de paume et les théâtres se disputent les loisirs de la cour et de la ville : la comédie italienne se naturalise, la tragédie naissante, grâce aux efforts de Jodelle et de Hardi, détrône peu à peu les *mystères*.

Bref, en dépit des exploits des *tireurs de laine*, *barbets* et autres ravisseurs du bien d'autrui, en dépit des meurtres et des duels fréquens qui troublent encore la bonne ville, elle remercie le ciel chaque jour du notable changement advenu dans sa fortune ;

Quand le roi Henri, déjà en butte aux tentatives de plusieurs forcenés apostés par les Jésuites et par l'Espagne, meurt enfin sous le poignard mieux dirigé de Ravaillac.

Voilà donc Lutèce retombée aux mains d'une seconde Médicis.

Entourée d'indignes favoris que la voix publique désigne comme les instigateurs de l'assassinat de son époux, la veuve de Henri-le-Grand livre à leur rapacité les trésors amassés par des années d'ordre et d'économie.

Pour eux, elle pressure ce peuple chez lequel seize ans d'un gouvernement sage et calme avaient ramené l'aisance.

Par leurs conseils, elle fait contracter à son jeune fils une alliance impie avec une infante d'Espagne, insultant par les fêtes pompeuses de ce mariage aux mânes du héros que l'Espagne a frappé du couteau, faute de le pouvoir vaincre avec l'épée.

En 1614, les Etats-Généraux se réunissent à Paris sans résultats importans : les rois Bourbons ne les assembleront plus qu'une seule fois, et ce sera la veille de leur ruine!

Mais le jeune roi, ou plutôt ceux qui dirigent son incurable faiblesse, se lassent de l'insolente domination des créatures de la reine-mère : l'italien Concini, que Marie de Médicis a fait marquis d'Ancre et maréchal de France, est arquebusé sur le pont du Louvre par Vitry; sa femme, Léonora Galigaï, condamnée à mort par le parlement, est brûlée vive en place de Grève, aux acclamations du peuple qui voyait dans ce couple les auteurs de ses maux.

La reine-mère fut exilée à Blois; elle ne ressaisit son pouvoir quelques années que pour retomber de plus haut, et aller enfin, proscrite par un homme qu'elle avait élevé d'un rang obscur au fâite des honneurs, mourir à Cologne, dans l'abandon et presque la misère.

Cet homme, dont la terrible puissance s'assit de la sorte sur l'ingratitude et le parjure, c'était le cardinal de Richelieu.

Sous son règne, car il fut dix-huit ans le véritable roi de France, Paris jouit de cette espèce d'ordre matériel que peut établir le despotisme, du moins autant que le permettait l'insuffisance de la police administrative ; les pilleries et les homicides se ralentirent un peu, ainsi que la fureur des duels, contre lesquels le ministre avait fulminé des édits exécutés avec une effrayante rigueur.

Ce fut durant cette période que le pape érigea en archevêché l'évêché de Paris.

Le roi, dans l'espoir d'obtenir un fils, met son royaume sous la protection de la Vierge, et institue la célèbre procession, dite du *Vœu de Louis XIII.*

Il meurt quelques années après, devancé dans la tombe par son maître et celui de la France, et la régence est déférée par le parlement à sa veuve Anne d'Autriche.

La tyrannie de Richelieu pesait principalement sur la noblesse et sur la haute magistrature : le nouveau gouvernement épuise la bourgeoisie et le peuple au profit des courtisans.

C'est un pillage universel auquel tous mettent la main, depuis les princes et le premier ministre Mazarin jusqu'au plus mince gentillâtre suivant la cour.

Il ne restait guère, au dire des contemporains, que l'air du ciel qui ne fût pas réputé imposable et taillable.

Aussi, les tempêtes populaires s'amassent, grossissent! le redoutable Richelieu n'est plus là pour les conjurer.

Ce ne sera pas cette fois pour la messe ou le prêche que l'on combattra, mais pour les intérêts matériels, associés aux idées politiques.

Le parlement de Paris, jusqu'alors allié fidèle de la royauté, donne l'exemple de la résistance en refusant d'enregistrer les édits portant création de nouvelles taxes.

Il va plus loin, se constitue en permanence pour travailler à la réforme de l'Etat, et entreprend de réfréner la puissance royale, arrivée à l'absolutisme depuis l'extinction de la Ligue.

La régente, irritée et perdant patience, fait arrêter deux des principaux membres de la compagnic, le conseiller Blancménil et son collègue, le vénérable Broussel.

La révolte éclate aussitôt : le peuple court aux armes ; la garde bourgeoise l'imite, à l'instigation du coadjuteur de l'archevêque de Paris, l'illustre Paul de Gondy ; les barricades sont poussées de toutes parts jusqu'à cinquante pas du Palais-Royal, et la reine est forcée de relâcher les prisonniers.

Puis elle adhère à contre-cœur à la déclaration du 24 octobre 1648, qui attribue au parlement l'importance d'une assemblée législative ; peu de temps après, Anne d'Autriche s'échappe de Paris avec la cour, pour commencer la guerre civile, et mettre le siége devant la capitale.

Les *Frondeurs* (ainsi se qualifient les partisans du Parlement) soutiennent l'attaque de l'armée royale commandée par le *grand Condé*.

Mais ce siége n'est guère que la parodie de celui de 1590 : on s'accommode après quelques mois d'une lutte peu meurtrière[1], la cour rentre au Palais-Royal, et Condé, à la grande joie des Parisiens, est jeté dans le donjon de Vincennes,

---

[1] Au siége de la Bastille par les frondeurs, les dames portèrent leurs siéges dans le jardin de l'Arsenal pour voir canonner la forteresse.

pour avoir voulu faire payer trop cher ses services.

La guerre recommence pour sa libération : il la reprend ensuite lui-même; mais c'est la faction nobiliaire dont il est le chef qui dirige la *nouvelle Fronde*.

Le parlement, également opposé à ce parti et à celui de Mazarin, maintient quelque temps Paris dans la neutralité entre la cour et les féodaux;

Quand les deux armées, comme pour forcer la capitale à se décider entre elles, viennent choisir pour champ de bataille l'un de ses faubourgs, celui de Saint-Antoine.

Cette sanglante journée, qui coûta la vie à l'élite des deux camps, se fût terminée par l'entière destruction du parti de Condé, si les Parisiens, excités par mademoiselle de Montpensier, nièce du feu roi Louis XIII, n'eussent enfin ouvert la Porte Saint-Antoine aux débris de l'armée des princes, et protégé leur retraite par le canon de la Bastille.

Le parlement n'en refusa pas moins de se déclarer en faveur des princes, et convoqua une assemblée générale des *notables* à l'Hôtel-de-Ville.

Condé, ne pouvant rien obtenir de cette réunion, fit attaquer l'Hôtel-de-Ville par ses soldats déguisés en artisans, et secondés d'une partie du peuple.

Les portes de l'Hôtel-de-Ville furent incendiées et forcées après un combat opiniâtre; une scène de carnage et d'horreur se prolongea jusqu'à la nuit.

Cette odieuse violence abattit tout-à-fait l'esprit public, perdit à la fois la cause de son auteur et celle du Parlement.

Et bientôt la cour put rentrer dans Paris sans conditions, et ressaisir le pouvoir absolu.

Elle devait le garder sans contrôle près d'un siècle et demi!

Le Parlement redevient simple cour de justice; la garde bourgeoise, qui a joué un grand rôle pendant la Fronde, retombe au niveau des compagnies du guet, et s'annihile jusqu'au jour où elle doit surgir, immense garde nationale, autour de Lafayette.

Mazarin termine, au sein de la toute-puissance, sa carrière étrangement ballottée par la fortune : le jeune Louis XIV prend d'une main ferme les rênes de l'Etat, et la monarchie parvient rapidement à son brillant apogée.

Des monumens de tous genres sortent de terre de toutes parts, ou remplacent ceux des temps passés : bien que leur style n'ait en général ni la hardiesse sublime des édifices improprement appelés *gothiques*, ni la pureté de l'école grecque, leur multiplicité donne à la physionomie de la capitale un caractère plus imposant.

Le Luxembourg s'est élevé pour la régente Marie de Médicis, qui a fait planter le Cours-la-Reine, origine des Champs-Elysées.

L'aqueduc d'Arcueil reparaît; la précieuse institution du Jardin-des-Plantes est créée.

La grande salle du Palais est brûlée, et reconstruite telle que nous la voyons aujourd'hui.

Richelieu a fait bâtir le Palais-Cardinal, qu'il lègue en mourant à son roi, et qui, sous le nom de Palais-Royal, devient le séjour d'Anne d'Autriche et de Louis XIV, jusqu'à ce que ce prince ait agrandi et gâté les Tuileries par les lourds pavillons de Flore et de Marsan.

La nouvelle église de la Sorbonne doit également sa construction au cardinal-ministre : le Val-de-Grâce est l'œuvre d'Anne d'Autriche; Mazarin élève le dôme des Quatre-Nations, qui sera un jour l'Institut de France, et le Palais-Mazarin, siége futur de la Bibliothèque nationale.

La butte Saint-Roch s'aplanit, le quartier de Gaillon se bâtit et se peuple, après celui des Petits-Champs.

Le Nôtre dessine le pompeux jardin des Tuileries, bouleversé depuis avec le château par les Vandales du dix-neuvième siècle : les arcs de triomphe des Portes Saint-Denis et Saint-Martin, la colonnade du Louvre, les Invalides et l'Observatoire, ces deux édifices glorieux par eux-mêmes, et plus encore par leur but et leur pensée, attestent le génie des Perrault, des Blondel, etc.

Les fossés et les remparts de Paris commencent à se remplacer par des boulevarts ombragés de beaux arbres : le Pont-Royal s'élance du palais des rois au faubourg Saint-Germain, sous lequel disparaît entièrement l'antique Pré-aux-Clercs.

La manufacture de tapis des Gobelins, celle de glaces à l'instar de Venise, indiquent les progrès du luxe et de l'industrie : les voitures, si rares naguère, se multiplient à l'infini ; les cafés se substituent peu à peu aux ignobles cabarets.

Tous les arts semblent s'unir pour faire de cette époque un grandiose et magnifique ensemble inconnu jusqu'alors dans notre histoire : tandis que le Poussin, Le Sueur, Claude Lorrain, Coustou, Puget, élèvent les Ecoles françaises de peinture et de sculpture au niveau de celles de l'Italie, les diverses branches de la littérature offrent un faisceau compact d'éclatantes renommées.

L'Académie française, celles de peinture et de sculpture, des sciences, des inscriptions et belles-lettres, etc., s'organisent ; la première, sous Richelieu, les autres sous le patronage de ce Colbert, qui fut le génie tutélaire des belles années de Louis XIV.

Les chefs-d'œuvre de l'art oratoire font retentir ces chaires sacrées, d'où s'élançaient jadis les grossières déclamations des prédicans de la Ligue : dans les salles de l'hôtel de Bourgogne, encore revendiquées par les confrères de la Passion, Paris s'enivre des mâles accens de Pierre Corneille, auquel Racine succède sans pouvoir le faire oublier.

La célèbre *troupe* de Molière promène ses succès du Petit-Bourbon au théâtre du Palais-Royal, puis se réunit dans l'hôtel Guénégaud aux comédiens de l'hôtel de Bourgogne, et le Théâtre-Français est fondé.

La salle du Palais-Royal est alors livrée à l'Académie royale de musique.

Et cependant toutes ces splendeurs cachent encore bien des plaies impures. Les *cours des Miracles*, provinces hideuses du royaume d'argot, offrent toujours un repaire assuré à des milliers de *mauvais pauvres*, que chaque nuit change en larrons et en meurtriers ; Paris est encore si dangereux après le soleil couché, que les théâtres sont forcés de clore leurs représentations d'hiver à quatre heures et demie.

On entreprend alors d'éclairer les rues avec des

lanternes à poste fixe, mesure plus efficace que tous les arrêts du parlement contre les *ribleurs de nuit* : les pompes à incendie commencent aussi d'être en usage. Mais la police, bien qu'en notable progrès, est encore insuffisante pour arrêter les désordres des pages et des laquais foisonnant sur le pavé de Paris : protégés par leurs nobles maîtres, ils troublent presque autant la ville de leurs insolences et de leurs batailles que faisaient jadis les écoliers du moyen âge.

La corruption n'était pas seulement le partage de ces classes infimes de la société : c'était d'en-haut qu'elle descendait, et d'effroyables scandales révélaient de temps à autre tout ce qui se cachait de turpitude sous l'élégante dignité de la cour du grand roi.

Telle fut cette *affaire des poisons*, qui compromit des personnes d'un rang bien plus élevé que la fameuse marquise de Brinvilliers, et sembla un souvenir des mœurs de Catherine de Médicis, noircies d'un crime nouveau, l'hypocrisie.

Jusqu'alors, les empoisonneurs étaient poursuivis d'habitude par les Cours de justice en qualité de sorciers : une ordonnance de 1682 mit fin aux procès de sorcellerie.

Cependant les beaux jours de Louis XIV penchent vers leur déclin : les grands hommes disparaissent l'un après l'autre de l'horizon ; le fanatisme religieux assombrit les pompes de Versailles, et pervertit l'esprit plus énergique qu'éclairé du monarque : enfin la révocation de l'Edit de Nantes, précédée de plusieurs années d'odieuses persécutions, chasse de la France ces huguenots dont le courage porta jadis au trône l'aïeul de Louis XIV, et qui maintenant n'ont plus même la force de défendre leurs foyers et leurs temples.

Le reste de la vie du grand roi n'offrit plus qu'une longue série de malheurs, entrecoupée de succès rares et coûteux.

Paris eut beaucoup à souffrir de cette décadence presque générale : le rude hiver de 1709, suivi d'une cruelle disette, mit le comble aux maux de la guerre universelle.

Louis XIV mourut enfin, trop tard pour sa gloire, laissant les Français dans un état déplorable, la capitale épuisée comme le reste de la France, et la couronne sur la tête d'un enfant de cinq ans.

A peine le vieux monarque a-t-il fermé les yeux, qu'au mépris de ses dernières volontés, Philippe, duc d'Orléans, son neveu, se fait décerner la régence par le Parlement, auquel il rend en récompense le droit de *remontrance* dont l'a privé Louis XIV.

Encouragé par l'exemple de ce prince et de son Dubois, vil complaisant qu'il a fait cardinal et premier ministre, l'immoralité des hautes classes secoue son manteau de bigotte tartuferie, et Paris s'étonne des saturnales inouïes de la cour.

Philippe va ruiner maintenant ce peuple qu'il a corrompu : la banque de Law organise l'escroquerie en grand, enlève du royaume presque tout le numéraire, en y substituant, par d'iniques ordonnances, des billets hypothéqués sur des valeurs imaginaires.

Law, de complicité avec le régent, dépasse de *douze cents millions* l'émission de billets autorisée par ces ordonnances, et se soustrait enfin par la fuite à la vengeance des innombrables victimes de ce dol gigantesque, lorsque la banqueroute est devenue inévitable.

Il laisse derrière lui les familles en deuil, les fortunes bouleversées, et le démon de l'agiot qui ne cessera plus désormais d'infecter notre patrie.

La bulle *unigenitus*, lancée par le pape contre les jansénistes, à la sollicitation des jésuites, vient ajouter les misères d'une mesquine inquisition religieuse à celles de l'athéisme et de la corruption.

Les vexations dirigées contre des esprits exaltés

et faibles enfantent bientôt les scènes ridicules du tombeau de saint Pâris, et les héritiers des grands docteurs de Port-Royal ne sont plus qu'une secte d'insensés convulsionnaires opposant des tours de force et des miracles de saltimbanques à l'acharnement de leurs ennemis.

Les jésuites, se croyant revenus à la toute-puissance des dernières années de Louis XIV, veulent pousser leurs avantages, et, d'accord avec l'archevêque de Paris, font refuser les sacremens à tous ceux qui ne présentent point de billets de confession signés par des prêtres partisans de la bulle.

Le parlement, ami des jansénistes, se prend corps à corps avec la société de Jésus. Le roi Louis XV impose silence aux deux partis; de là, véhémente indignation des bons pères!

Peu de temps après, le roi est légèrement blessé par Damiens, qui expire sans vouloir désigner ses complices; mais les soupçons se portent assez généralement sur la compagnie de Jésus.

Dès lors, la chance tourne à son désavantage, le Parlement examine ses constitutions, décrète solennellement contre elle, et un édit royal, en novembre 1764, expulse définitivement tous ses membres du territoire français.

Mais les vaincus avaient conservé des amis puissans à Versailles, et plus tard, quand la France vit avec indignation l'honorable ministre Choiseul succomber devant une fille publique assise sur les marches du trône, et les parlemens dissous par un fripon en simarre, le chancelier Maupeou, les intrigues de la *société* ne furent pas étrangères à ce double résultat.

La royauté, débarrassée du dernier contre-poids auquel Louis XIV lui-même avait laissé une existence nominale, n'avait jamais joui d'un tel absolutisme.

Sur la France Louis XV règne sans contrôle, sur Louis XV règnent d'ignobles favorites, au premier geste desquelles les bastilles se ferment sur les imprudens blasphémateurs de l'idole du jour.

Mais si nul pouvoir politique ne s'élève même à distance du pouvoir unique de la royauté, une formidable puissance morale la cerne de toutes parts, et porte déjà la sape au pied de ce grand et fragile édifice.

La philosophie du xviiie siècle, tour à tour railleuse et dissolvante avec Voltaire, féconde et rénovatrice avec Rousseau, a révélé au Tiers-État, riche, éclairé, innombrable, le secret de ses forces.

Et la monarchie, traînant après elle une dette toujours croissante, marche entre la vieille France janséniste et parlementaire, à jamais aliénée par l'imprudent despote, et la France nouvelle, ennemie nécessaire et implacable.

Une mort ignominieuse, bien digne d'une vie pleine de honte, enlève le vieux roi à l'avenir dont ses vices ont grossi les tempêtes, et qu'il lègue avec une indifférence égoïste à son malheureux successeur.

Ce long et funeste règne a complété la décadence commencée dans les derniers temps de Louis XIV : la dépravation des mœurs a entraîné celle du goût; les arts sont tombés de chute en chute au dernier degré du faux et de l'absurde, et la littérature philosophique, littérature de critique plus que de création, surnage seule dans ce grand naufrage.

Quelques monumens de la seconde moitié du xviiie siècle, tels que le Panthéon, le Garde-Meuble et l'Hôtel de la Marine, dénotent cependant un mouvement de réaction contre les formes contournées et mesquines, précédemment en vogue.

L'Hôtel-des-Monnaies, l'Ecole-Militaire, etc., appartiennent à la même époque.

Les halles, les marchés, les fontaines se multiplient dans Paris.

La comédie italienne reparaît à l'Hôtel de Bourgogne, puis sur le boulevart, qui a gardé son nom : l'Opéra-Comique, d'abord simple spectacle forain, se réunit à elle, puis lui succède.

Une foule de théâtres, tant publics que particuliers, surgissent de toutes parts : les Foires Saint-Laurent et Saint-Ovide rivalisent avec leur devancière, l'antique foire Saint-Germain; on voit apparaître les écoles de chant et de déclamation, qui fonderont un jour notre Conservatoire; les sociétés théoriques de sciences, de lettres et de philosophie, inondent Paris, et préludent sans le savoir à la pratique terrible des sociétés populaires.

Mais les événemens deviennent nombreux et rapides : une vaste fermentation a succédé au calme plat de la fin de Louis XV.

Louis XVI a rappelé les Parlemens : impuissant et tardif remède! L'exil et la persécution ne les avaient pas rendus plus flexibles.

Après une lutte assez vive entre le Parlement de Paris et les ministres, le gouvernement convoqua une assemblée des notables, à laquelle il fallut avouer une dette publique d'un milliard six cent quarante-six millons, et un déficit annuel de cinquante millions dans les revenus de l'état.

Les notables, sur la motion du général Lafayette, demandent la réunion des Etats-Généraux.

Après divers troubles, entre autres un siége du

Palais par les troupes du roi, qui en arrachèrent deux membres du Parlement pour les conduire en prison, les États-Généraux s'assemblent enfin à Versailles le 5 mai 1789. Repoussés par la royauté pendant cent soixante-quinze ans, ils viennent lui demander compte de ce qu'elle a fait de la France.

Bientôt, rejetant la séparation féodale des trois ordres, le Tiers-État, appuyé par la plus grande partie des députés du clergé, s'est constitué en assemblée nationale.

Le gouvernement appelle de grandes forces militaires autour de Paris et de Versailles, dans l'intention évidente de dissoudre l'Assemblée par la force.

L'agitation la plus violente régnait déjà dans la capitale : ce fut là l'étincelle qui embrasa toutes ces mines dès long-temps chargées.

Le 13 juillet, la garde nationale s'organise spontanément. Le 14, les Parisiens insurgés attaquent la Bastille; la vieille forteresse du despotisme croule devant la fureur populaire.

Et Paris substitue au drapeau blanc des Bourbons, ces trois couleurs symboliques qui doivent devenir l'amour des peuples et la terreur des rois.

Le gouvernement recule devant cette impulsion

redoutable, cède et résiste tour à tour à la révolution, tour à tour menaçant ou timide.

Enfin les fanfaronnades insensées des Gardes-du-corps, le bruit répandu dans Paris, que le roi veut se retirer à Metz, précipitent en masse sur Versailles le peuple parisien, qui ramène aux Tuileries Louis XVI et sa famille.

Les rois n'avaient fait dans la capitale que de rares apparitions depuis la construction du château de Versailles, par Louis XIV.

Les splendeurs qu'il rappelait étaient à jamais éteintes !

Cette expédition avait malheureusement offert des actes de férocité qui se reproduisaient de temps à autre dans la capitale.

Une influence funeste souillait déjà la jeune révolution, et s'efforçait de la faire dévier de sa route. C'était à la fois celle de l'étranger, et d'hommes corrompus qui, pour servir les projets d'un prince ambitieux et hypocrite, fomentaient les passions d'un peuple long-temps opprimé.

En février 1790, se forme la société des *amis de la Constitution*, dite depuis des Jacobins.

Le 14 juillet de la même année, les députations de toutes les gardes nationales de France, dont Lafayette a été proclamé le général en chef, célèbrent au Champ-de-Mars la fête à jamais mémorable de la Fédération, et le roi y jure solennellement de maintenir la constitution, que décrétera l'assemblée nationale.

Mais l'horizon se noircit de nouveau : entre le passé et le présent qui l'assaille, il ne peut y avoir que de courtes trêves; la constitution de 91, œuvre de transaction, où l'assemblée nationale a revêtu d'une forme monarchique des institutions toutes républicaines, est en vain défendue par le parti modéré qui l'a fondée ; la cour, que ce parti protége contre les républicains proprement dits, les confond dans une haine commune et, par ses intelligences avec les émigrés et les souverains d'Allemagne, intelligences bien connues du public, donne un ascendant irrésistible au parti violent.

Louis XVI, naguère ramené de force aux Tuileries, après avoir tenté de gagner la frontière adhère à regret aux actes de l'assemblée législative, qui a succédé à la Constituante.

Menacée par les levées de l'Autriche et de la Prusse, la France prévient leur attaque prochaine en déclarant la guerre à la première de ces puissances.

Ce fut un moment de gloire et d'enthousiasme que celui où les femmes vinrent déposer l'offrande de leurs joyaux sur l'autel de la patrie, où les volontaires s'élancèrent hors des murs au chant de la Marseillaise, tandis que le peuple se portait en foule aux travaux du Champ-de-Mars, transformé en un camp pour la défense de la capitale.

Pourtant l'avenir est sombre : des scènes sanglantes se multiplient dans Paris; les *clubs* révolutionnaires, un moment comprimés par les *Fayettistes*, voient croître chaque jour leur force morale et matérielle, et les troubles du 20 juin 92 présagent des événemens plus décisifs.

Des rumeurs sinistres grondent dans la ville : les Prussiens sont en Champagne; ils ramènent avec eux les transfuges de Coblentz; leurs insolens manifestes annoncent à Paris le sac et le pillage !

Et sur le visage des complices, des correspondans de l'étranger, se lit déjà une joie odieuse.

C'en est fait, le peuple, cette fois, a répondu au cri de guerre de ses tribuns.

Le 10 août au matin, le tocsin et la générale appellent aux armes les sociétés populaires, les sections, le peuple des faubourgs; le château est attaqué des deux parts !...

Le 10 août au soir, la monarchie n'était plus !

La Convention nationale, envoyée par la nation

française à la place de l'assemblée législative, proclame, après s'être installée le 21 septembre, l'abolition de la royauté et l'établissement de la république une et indivisible.

V

Paris depuis 1792.

Nous nous étendrons peu sur cette dernière période : sa conclusion, au jour où nous écrivons, est encore sous la main de Dieu, et des faits récens soulèvent trop violemment les passions contemporaines.

La constitution de 91 avait été l'œuvre de la bourgeoisie : le nouveau gouvernement dut chercher son principal appui dans les classes inférieures.

Placée entre l'ennemi du dehors et celui du dedans, entre la force ouverte et la trahison, la Convention nationale vit bientôt la guerre dans son propre sein, entre des partis également dévoués à la révolution, mais comprenant différemment ses résultats et sa direction.

Dans le cours des luttes désespérées qui tournèrent constamment à l'avantage des opinions les plus extrêmes, l'assemblée fut entraînée à cette dictature formidable, qui attacha elle-même à son règne le nom de *la Terreur*.

Peu de jours après la sanglante victoire du 10 août, des massacres de prisons, auxquels, il est vrai, la masse du peuple était demeurée tout à fait étrangère, avaient rappelé les horribles souvenirs des cabochiens et de Jean de Bourgogne.

Ces scènes atroces cessèrent; mais les exécutions judiciaires ne leur succédèrent que trop promptement.

Le 21 janvier 1793, l'ex-roi, condamné à mort par la Convention, était monté sur l'échafaud où sa veuve et sa sœur ne tardèrent pas à le suivre.

La *Terreur* ne s'établit véritablement qu'après la destruction du parti girondin par celui de la Montagne, qui se divisa ensuite lui-même, lorsqu'une partie de ses membres voulurent arrêter la marche du char de la révolution.

Ils furent broyés sous ses roues impitoyables, et la France subit les jacobins et leur domination de fer, jusqu'à ce qu'une coalition, formée dans le sein de la Convention, eût jeté du pouvoir suprême dans la fatale charrette les trois chefs des montagnards, Robespierre, Couthon et Saint-Just.

Les prisons laissèrent échapper leurs victimes ; on renversa les échafauds, mais pour y substituer les émeutes et les combats dans les rues.

La Convention avait à lutter à la fois contre les débris des montagnards qui soulevaient fréquemment le peuple des faubourgs, et contre les intrigues royalistes qui travaillaient par tous les moyens les classes bourgeoises.

Elle poursuivit néanmoins l'œuvre de la constitution qu'elle avait promise à la France, et, traversant avec énergie les journées orageuses des 12 germinal, 2 et 3 prairial, victorieuse au 13 vendémiaire de la majorité des sections parisiennes, instrumens involontaires de la faction étrangère, elle abdiqua volontairement la dictature le 23 brumaire an IV (26 octobre 1795).

Elle laissait pour adieux à Paris l'Ecole Polytechnique, l'Ecole Normale, l'Institut, les Musées et de nombreux Hospices.

Paris avait bien souffert durant ces années terribles : la disette de l'an II était venue combler les maux de la stagnation du commerce, que causaient à la fois la guerre universelle, l'état de compression de la bourgeoisie, et des mesures impolitiques.

Le peuple qui foulait sous ses pieds les armées de tous les rois de l'Europe, le peuple souverain manquait de pain dans sa capitale.

D'innombrables voitures ne parcouraient plus les rues devenues silencieuses : l'affectation de luxe des temps précédens était tombée d'une simplicité de bon goût à l'affectation d'une grossièreté spartiate.

Le luxe ne tarda pas à se relever, scandaleux, effréné, sous le directoire et la constitution de l'an IV, et les mœurs austères de la Convention disparurent sous un nouveau débordement de licence et de vénalité, qui prépara la chute de la république.

La constitution de l'an IV portait dans son sein un germe de dissolution et de mort; le partage du pouvoir exécutif entre cinq directeurs irresponsables, dont les dissensions se reproduisirent dans les deux conseils législatifs des Anciens et des Cinq-Cents.

Ce gouvernement fonctionna péniblement l'espace de quatre années, qui ne furent, à tout prendre, ni sans liberté ni sans bien-être pour Paris.

L'industrie et l'aisance refleurissaient : le numéraire avait peu à peu remplacé dans la circulation les funestes assignats.

Mais le prestige de la légalité, force morale sans laquelle la force matérielle devient tôt ou tard impuissante, n'existait plus depuis qu'une partie de la législature avait proscrit et déporté l'autre, aux journées de fructidor.

Un pouvoir sans consistance se débattait entre des factions dont chacune était assez forte pour déchirer la France, mais aucune pour la dominer;

Lorsque le général Bonaparte, favorisé par l'enthousiasme de l'armée et la lassitude de la nation, raccourut d'Egypte mettre d'accord tous les partis, en leur courbant le front sous son épée invincible.

Le 19 brumaire an VIII (10 octobre 1799), la constitution de l'an IV fut détruite, et les cinq directeurs, remplacés par trois consuls nominativement, et de fait par un dictateur, Napoléon Bonaparte.

De troisième consul provisoire devenu premier consul, puis consul à vie, Napoléon fut enfin proclamé empereur le 18 mai 1804, et sacré bientôt après à Notre-Dame, des mains du pape Pie VII :

Cérémonie splendide, mais rétrograde, qui faisait redescendre au niveau des rois le gigantesque dictateur.

Sous le règne de ce grand homme, Paris jouit d'un repos que ne troubla même pas l'échauffourée de Malet, révolution tentée, presque consommée, puis anéantie, le tout en quelques heures et comme à l'insu de la population au sein de laquelle on l'opérait.

D'immenses travaux, comparables à ceux du gouvernement de Louis XIV, quoique exécutés dans un bien moindre espace de temps, décorent, assainissent Paris, achèvent de lui donner sa physionomie moderne.

La colonne *impérissable* s'élève sur la place Vendôme : la seconde galerie du Louvre, l'arc de triomphe de l'Etoile, le Temple de la Gloire, le Palais de la Bourse, surgissent de leurs fondations.

Entre tous ces monumens commencés, puis suspendus par la ruine de leur fondateur, un seul s'achèvera, le temple de l'or, seule divinité des régimes qui succéderont au grand empire.

Le canal de l'Ourcq, les ponts d'Austerlitz, de la Cité, d'Iéna, plusieurs quais, marchés, abattoirs, les cimetières actuels, etc., appartiennent à l'administration impériale, chez laquelle le faste n'étouffait point le sentiment de l'utile, inséparable du vrai génie.

Les arts avaient repris un essor remarquable, bien que généralement emprisonnés dans une imitation exclusive et peu judicieuse de l'antiquité; et Paris admirait dans ses musées mille chefs-d'œuvre, prix de nos conquêtes.

Mais deux ans de revers ont renversé l'œuvre de douze années de triomphe, et Paris voit avec stupeur les armées de l'Europe liguée se déployer sur ses boulevarts et dans ses promenades où resplendissaient les fêtes impériales; il se réveille un matin sous un roi, sous un de ces princes du sang de Louis XIV qu'il a oubliés depuis si long-temps, et dont il soupçonnait à peine l'obscure existence.

Les étrangers sont partis, laissant la France face à face avec les intérêts surannés qui obstruent les avenues du nouveau trône.

Napoléon reparaît sur les côtes de Provence : trois semaines après, il rentre à Paris, aux acclamations des soldats et du peuple.

Hélas! trois mois à peine s'étaient écoulés que les armées ennemies faisaient de nouveau flotter leurs odieux étendards dans la capitale.

Nous n'essaierons pas d'analyser les fastes de la restauration, époque de mouvement intellectuel en tout genre, de prospérité industrielle et d'agitation morale, habilement traversée par un gouvernement fin et rusé qui sut déjouer les conspirations, comprimer les émeutes, et naviguer avec sûreté parmi les tempêtes parlementaires, jusqu'à ce que l'impatience du parti rétrograde l'eût poussé dans la voie du naufrage.

Les Bourbons s'arrêtèrent un instant, et parurent vouloir revenir sur leurs pas; mais entre les deux principes également inflexibles que la constitution avait mis en présence, l'accommodement était impossible.

La nomination du ministère Polignac fut le premier acte de la lutte. On sait comment elle se termina.

Les journées de juillet, où le peuple parisien retrouva l'énergie de la génération précédente, épurée par une magnanimité sans exemple dans les crises révolutionnaires, ont ouvert à Paris et à la France, non pas une ère nouvelle, mais une nouvelle phase de l'ère commencée en 89.

Nous avons dit le passé de Paris.

Son présent! il est sous nos yeux; halte de tranquillité matérielle où la grande cité se repose avant de reprendre sa course vers l'obscur avenir.

Cet avenir, qui saurait nous le dévoiler?

Henry MARTIN.

ESQUISSE CHOROGRAPHIQUE.

PARIS PASSÉ ET PRÉSENT.

I.

Situation, température, sol de Paris.

Paris est situé à 0 de longitude du méridien de l'Observatoire, et 48° 50ᵐ 14ˢ de latitude septentrionale.

La température moyenne de son atmosphère est, année commune, de 10° 814ᵐ centigrades au dessus de zéro, d'après vingt-et-un ans d'observations, de 1806 à 1826 inclusivement.

Depuis l'invention du thermomètre, elle n'a jamais dépassé 30° 7ᵐ (Réaumur) (38° 4ᵐ centigrades) au dessus de zéro, ni 18° 8ᵐ (Réaumur) (23° 5ᵐ centigrades) au dessous de zéro.

En 1709, le froid descendit à 18° 5ᵐ (23° 1ᵐ centigrades); en 1716, à 15° (18° 7ᵐ centigrades);

en 1788, à 17° 8ᵐ (22° 5ᵐ centigrades); en 1795, à 18° 8ᵐ (23° 5ᵐ centigrades), *maximum*.

La Seine, durant l'hiver de 1829 à 1830, offrit le singulier phénomène de couches de glace séparées par des filets d'eau.

La gelée la plus tenace qu'on ait jamais remarquée à Paris, est celle de 1433 : elle dura du 31 décembre au 17 avril, avec une seule interruption de neuf jours.

Sur une moyenne de vingt années,

Le vent d'ouest règne . . .	70 jours.
sud-ouest	67
sud.	63
nord	45
nord-est.	40
nord-ouest . . .	34
sud-est	23
est.	23

Paris compte annuellement 234 jours de vents humides, 142 jours de pluie, 180 jours de brouillard, 184 jours couverts, 181 jours nuageux, 58 de gelée, 12 de neige.

On a observé que toutes les années qui présentèrent 320 jours de pluie et 120 centimètres de hauteur d'eau pluviale, ont été signalées par l'inondation des caves et des marais du Temple et de Popincourt.

Dans l'enfance de cette grande cité, lorsqu'enfermée dans son berceau elle n'était pas encore sortie de l'île lutétienne, le bassin au fond duquel s'étend le Paris moderne devait offrir à l'œil une surface presque entièrement plane, entre la double chaîne de collines qui l'enferment au nord et au midi.

La Seine était divisée en cinq îles, dont les deux plus petites furent réunies par la suite à l'extrémité occidentale de la Cité.

Le sol n'était alors déformé que par les mouvemens de la Seine, de la Bièvre et de deux ruisseaux disparus, descendans de Bagnolet et de Ménilmontant.

Les inégalités qui bouleversèrent cette plaine antique et la bosselèrent de mille dunes factices, inégalités bien autrement sensibles il y a deux siècles qu'aujourd'hui, doivent être attribuées à une action plus rapide et plus multiforme, celle de l'homme, ainsi que l'exhaussement général du sol.

Les travaux destinés à préserver la ville des débordemens terribles de la Seine, l'érection des ponts, obligèrent d'élever les terres riveraines du fleuve : la même nécessité s'étendit, comme de raison, aux rues voisines de ces terrains; et, de proche en proche, Paris entier se trouva exhaussé d'un étage au dessus de son assiette primitive.

La construction des remparts, l'amoncellement des terres rejetées des fossés n'eurent qu'une part secondaire à la formation des inégalités signalées plus haut. L'habitude d'entasser en certains endroits des débris de tout genre, forma, à la longue, des collines de gravois, des montagnes d'immondices, auxquelles on donna les noms de buttes, de voiries, de mottes, de monceaux.

La plus célèbre de ces élévations à l'étrange origine fut la butte Saint-Roch, jadis rivale de Montmartre, et, comme lui, couronnée de moulins : le village de Villeneuve-de-Gravois, dont la rue Bourbon-Villeneuve conserve le souvenir, avait emprunté cette désignation d'une hauteur semblable; on peut citer encore le monceau Saint-Gervais, la motte aux Papelards, à l'extrémité orientale de la Cité, la butte des Copeaux, qui fait maintenant l'un des ornemens du Jardin-des-Plantes, etc.

La butte Saint-Roch ne fut aplanie que sous Louis XIV, en 1667.

II.

La Seine.

Nous avons indiqué les ravages de la Seine et la nécessité d'en combattre le retour fréquent parmi les principales causes de l'exhaussement factice du sol de Paris.

La liste des redoutables boutades du fleuve serait trop longue à exposer : nous citerons seulement ici celles de ses fureurs qui obtinrent une triste célébrité.

En 583, la Seine et la Marne se coalisent pour envahir les plaines situées au nord de la Cité; les bateaux naviguent entre cette île et l'église alors isolée de Saint-Laurent, et maints esquifs font naufrage dans l'espace où s'élève aujourd'hui le Paris septentrional.

En 885 et en 1196 la Seine emporte le petit pont de la Cité; elle l'entraîne itérativement en 1206, avec les maisons qui le couvrent : en 1276, nouvelles catastrophes.

L'année 1281 voit tous les ponts détruits, les portes de Paris séparées par les eaux des campagnes environnantes : en 1296, les ponts sont encore renversés ainsi que les habitations et les moulins, bâtis, les unes au dessus, les autres au dessous de leurs arches.

Le grand pont ou Pont-au-Change est rompu en 1374, le petit pont, deux ans après, puis, en 1393 et en 1405.

La débâcle de 1408 brise le pont Saint-Michel et le Petit-Pont : en 1499, la rivière abat le pont Notre-Dame et ses soixante maisons.

Le pont aux Meuniers est ruiné en 1596 : le pont Saint-Michel croule à deux reprises, en 1547 et 1616.

En 1640, les glaces détruisent le pont Barbier, dont la rupture détermine l'édification du Pont-Royal.

La Seine sortit souvent de son lit dans le courant du dix-septième siècle : en 1658, elle inonda la moitié de Paris, et renversa le Pont-Marie.

La construction des quais, l'élévation des rives qui l'emprisonnent maintenant, ont rendu ses débordemens plus difficiles et moins dangereux, en même temps que la solidité des ponts modernes défie les désastres dus surtout à l'ignorance des ingénieurs et à l'incurie des magistrats chargés de veiller à la sûreté de la capitale.

Les dernières inondations un peu notables sont celles de 1807 et 1817.

La hauteur moyenne de la Seine, prise du pont de la Tournelle, est de 24^m 50^c au dessus du niveau de la mer.

Cette hauteur se compte à partir des basses eaux de 1619, et se mesure à l'échelle placée sur une des piles du pont de la Tournelle.

En 1658, la rivière, au pont de la Tournelle, s'éleva à 8 mètres 80 centimètres au dessus des basses eaux de 1619.

C'est la plus grande hauteur connue à cette échelle.

En 1802, elle atteignit 7 mètres 78 centimètres à celle du Pont-Royal, et 7^m 30^c en 1807.

En 1831, les plus hautes eaux n'arrivèrent qu'à 4^m 70^c, au pont de la Tournelle : les plus basses furent réduites à 0^m 30^c au dessus du niveau de 1619.

Les basses eaux de 1832, le 27 septembre, descendirent de 12 centimètres au dessous de ce niveau.

La vitesse du fleuve entre le pont Notre-Dame et le pont de la Révolution, varie de 1^m 03^c à 1^m 91^c par seconde.

A la largeur très-inégale de son cours, doit, ce semble, être imputée la meilleure part des méfaits du fleuve, lors des grandes crues et des débâcles.

Au Pont-Neuf, où la Seine réunit ses deux bras, elle offre un majestueux développement de 263 mètres; elle se resserre en 140 dans le faible trajet de ce pont à celui des Arts ; c'est la largeur moyenne dans Paris[1].

Le Pont-Royal n'en présente plus que 84 : c'est la moindre largeur, et le fleuve reconquiert 146 mètres au pont de la Révolution.

Le plus étroit de ses deux bras, du pont de la Tournelle à celui de Saint-Michel, varie de 97 à 49 mètres.

Cette observation peut faire comprendre plus aisément ses caprices et ses soudaines furies.

La Bièvre, l'imperceptible Bièvre, cachée d'habitude en son lit de 3 mètres de large, a parfois imité sa puissante voisine, et prouvé aux Parisiens qu'il n'est pas de petits ennemis.

En 1579, elle crût à la hauteur de 14 ou 15 pieds, ravagea comme un torrent le faubourg

---

[1] Hors Paris, elle est de 188 mètres dans le département de la Seine ; ce qui donne l'idée des empiétemens de nos quais.

Saint-Marceau et l'église des Cordelières, entraîna plus de soixante maisons, et noya plusieurs de leurs habitans.

La superficie totale de la Seine dans Paris est de 1,318,700^m carrés; celle du canal Saint-Martin, de 136,588; celle de la Bièvre, de 13,726.

La chance de navigation non interrompue sur la Seine n'est que de 157 jours.

III.

Enceintes de Paris.

Depuis les Romains jusqu'au douzième siècle, la Cité, moins étendue qu'elle ne l'est depuis l'adjonction des deux petites îles situées près de sa pointe occidentale, paraît avoir été seule fermée de murs, excepté peut-être au temps du César Julien.

Quoi qu'il en soit, il ne restait aucune trace de fortification extérieure sous la domination des rois franks.

Les églises, les couvens et les bourgs bâtis sur les deux rives de la Seine demeuraient livrés sans défense aux attaques des ennemis nationaux ou étrangers.

On pense (car ce fait n'est pas établi d'une manière incontestable) que Louis-le-Gros enferma le premier dans une enceinte fortifiée les faubourgs du nord et du sud.

Le mur septentrional devait enclore l'église Saint-Germain-l'Auxerrois ou *le Rond*, avec ses dépendances, la plus grande partie du quartier Sainte-Opportune, le bas de la rue Saint-Denis depuis la rue Perrin Gasselin, l'église Saint-Jacques-de-la-Boucherie, et aboutir à la place de Grève, par les rues des Arcis, Jean-Pain-Mollet et Jean-l'Épine.

Elle n'avait sans doute que trois portes, l'une rue Saint-Denis, la seconde, rue des Arcis, appelée la Porte ou *l'arche* de Saint-Merri, la troisième proche Saint-Jean-en-Grève.

On ne sait quand la muraille s'étendit au delà de Saint-Gervais, et jusqu'à la porte Baudet ou Baudoyer, en face la rue Geoffroy-Lasnier.

Au midi, la clôture allait du couvent des Grands-Augustins à la tour Saint-Bernard, en face la pointe-Est de la Cité, en passant par les rues Saint-André-des-Ars, Haute-Feuille, Pierre Sarrazin, de la Harpe, Saint-Jacques, des Noyers, et la place Maubert, avec quatre ou peut-être cinq portes.

En 1190, Philippe-Auguste fit commencer la troisième enceinte. Au nord elle partit de la *la tour qui fait le coin*, à la hauteur du moderne pont des Arts, pour aller rejoindre la rivière entre les rues de l'Étoile et Saint-Paul, traversant l'emplacement de la cour du Louvre, coupant la rue Saint-Honoré, près la rue de l'Oratoire, la rue Montmartre, à travers le quartier Saint-Eustache, la rue Saint-Denis à la hauteur de la rue Mauconseil, la rue Saint-Martin, proche celle du Grenier-Saint-Lazare, les rues Sainte-Avoye, Vieille-du-Temple, tombant dans la rue Saint-Antoine près la Culture-Sainte-Catherine, et se prolongeant enfin à travers l'enclos de l'Ave-Maria.

Le mur du sud, commençant à la tour de Nesle, en face la *tour qui fait le coin*, s'élargit de l'Institut actuel à la Tournelle.

Les noms des portes dont il était percé indiqueront l'accroissement déjà notable de cette partie de Paris.

C'étaient celles de Buci ou Bussi, sur le carrefour qui conserve ce nom, des Cordeliers ou de Saint-Germain, rue de l'École-de-Médecine, d'Enfer ou de Saint-Michel, de Saint-Jacques, près la rue des Fossés-Saint-Jacques, de Bordet ou de Saint-Marcel, et de Saint-Victor.

Au nord s'ouvraient les portes Saint-Honoré,

de Bohème ou Coquillière, Montmartre ou Saint-Eustache, Saint-Denis, Huidelon, Barbette et Baudet.

L'enceinte méridionale avait 1270 toises d'étendue.

Étienne Marcel agrandit considérablement la partie opposée : en 1356 et 57 le quartier Saint-Antoine engloba l'Arsenal, et s'étendit jusqu'à la Bastille, commencée par ce prevôt et achevée par Charles V; la muraille rejoignit le Temple par la rue Jean-de-Beauvais, suivit la direction des rues Meslée, Sainte-Appoline, Bourbon-Villeneuve, des Fossés-Montmartre, traversa l'emplacement du jardin du Palais-Royal, des rues Richelieu, du Rempart, Saint-Nicaise, et alla finir à la tour du Bois, au bord de la Seine.

L'île Saint-Louis, dite de Notre-Dame, fut aussi protégée par un fossé, qui la partageait, et par une tour appelée Loriaux.

La circonférence entière de Paris eut alors, dit-on, à peu près 4455 toises, dans laquelle la partie sud entrait pour 1539 toises.

Les bastilles Saint-Antoine, du Temple, de Saint-Martin, datent de cette époque ; les portes Saint-Denis, Montmartre et Saint-Honoré changèrent de place sans changer de nom.

La porte Neuve y fut ajoutée depuis, proche la tour du Bois.

Sous Henri IV, le Paris méridional possédait trois portes de plus qu'au temps de Philippe-Auguste; celles de Nesle, Dauphine et de la Tournelle.

Paris, au commencement du dix-septième siècle, comptait donc seize portes, sept au nord, neuf au sud.

Des changemens importans s'opérèrent dans l'enceinte du nord, sous l'administration du cardinal de Richelieu; la porte Saint-Honoré fut démolie et rebâtie beaucoup plus loin, entre le boulevart et la rue Royale; la porte Montmartre recula également jusqu'au coin de la rue des Jeûneurs : celle de Sainte-Anne dut s'éloigner aussi.

Le mur de Paris entoura de vastes terrains où s'élevèrent bientôt des quartiers populeux, et fut percé de nouvelles portes, celle de Richelieu, située au coin de la rue de ce nom et de la rue Feydeau, et la porte Poissonnière.

Louis XIV, de 1668 à 1704, fit planter d'arbres le boulevart du nord, depuis la porte Saint-Antoine jusqu'à celle de Saint-Honoré; ces dimensions ont depuis éprouvé peu de changemens.

Le boulevart du midi, entrepris en 1704, ne fut terminé qu'en 1761.

Vers 1720, on commença de bâtir le vaste quartier de la Chaussée-d'Antin.

La muraille actuelle de Paris, rempart élevé plutôt contre la contrebande que contre l'ennemi, est l'œuvre du règne de Louis XVI. Elle engloba les villages de Chaillot, du Roule, de Mousseau ou Monceaux, de Clichy, de Picpus, et tous les faubourgs en dehors des boulevarts de Louis XIV et de Louis XV, qui devinrent alors boulevarts intérieurs.

Une seconde ceinture, plantée de la même manière que les premiers boulevarts, entoura le nouveau Paris, sous le nom de boulevarts extérieurs.

Ce second cercle n'est cependant pas complet, et s'unit au premier en quelques endroits, notamment de la barrière d'Italie à celle d'Enfer.

Le boulevart intérieur du nord se subdivise en boulevarts de Bourdon, de Saint-Antoine, des Filles du Calvaire, de Beaumarchais, du Temple, de Saint-Martin, de Saint-Denis, de Bonne-Nouvelle, Poissonnière, Montmartre, des Italiens, des Capucines et de la Madeleine.

Celui du midi porte les noms divers de l'Hôpital, des Gobelins, de la Glacière, de Saint-Jacques, d'Enfer, du Mont-Parnasse et des Invalides.

Le boulevart extérieur est décoré et partagé par

cinquante-huit *barrières*, dont trois ont été murées et sont maintenant inutiles.

Les plus orientales sont, au nord, celle de la Rapée; au midi, celle de la Gare, près le pont d'Austerlitz : les plus occidentales sont, au nord, la barrière de Passy; au sud, la barrière de la Cunette.

Ainsi les rotondes et les palais de la douane ont remplacé autour de la grande ville les bastilles et les tournelles du moyen âge.

Le caractère des deux époques est tout entier dans ce rapprochement, que complètent les deux *pataches* ou grands bateaux établis dans le fleuve aux deux issues de la capitale, pour la perception des droits d'entrée par eau, au lieu et place des chaînes qui barraient jadis le cours du fleuve.

L'étendue totale du boulevart extérieur est de 24,100 mètres (environ 6 lieues).

Paris, en 1833, est 229 fois plus grand que la primitive Lutèce, qui se montre près de lui dans la proportion de 433 à 100,000. Depuis 1715, la surface de Paris a augmenté d'un tiers.

IV.

Divisions de Paris.

DIVISIONS CIVILES ET RELIGIEUSES DE PARIS.

Paris, une fois sorti de la petite île de Lutèce, n'eut d'abord d'autres sections que sa division naturelle en trois parties :

1°. La Cité ; 2° le quartier d'Outre-Grand-Pont, autrement dit de Saint-Denis, de Hurepoix, et enfin de la Ville, sans doute parce qu'il renfermait la Maison de Ville ; 3° le quartier d'Outre-Petit-Pont, comprenant l'*Université*, et le bourg de Saint-Germain-des-Prés, bien que celui-ci restât en dehors des murailles.

Sous Philippe-Auguste, il paraît s'être fractionné en quatre quartiers, puis en huit, cinq au nord, ceux de Saint-Germain-l'Auxerrois, de Sainte-Opportune, de Saint-Jacques-de-la-Boucherie, de la Verrerie, de la Grève, un au centre, la Cité, et deux outre-Seine, la place Maubert et

Saint-André-des-Ars, sans compter le faubourg Saint-Germain.

Sous Charles VI, Paris compta seize quartiers : les nouveaux étaient ceux de Saint-Antoine, de Saint-Gervais, de Sainte-Avoie, de Saint-Martin, de Saint-Denis, des Halles, de Saint-Eustache et de Saint-Honoré.

Le faubourg Saint-Germain y fut adjoint en 1642.

Louis XIV, en 1702, en ajouta quatre, changea les noms de quelques uns, et leur donna à tous des limites moins démesurément inégales.

En 1789, la capitale fut divisée en soixante districts : l'assemblée constituante, par un décret sanctionné le 27 juin 1790, fit des districts quarante-huit sections, trente-quatre au nord, deux dans la Cité, onze au sud; enfin, en octobre 1795, la Convention partagea Paris en douze arrondissemens municipaux, qui subsistent encore, subdivisés chacun en quatre quartiers, en tout quarante-huit.

Telles ont été les vicissitudes des divisions civiles de Paris : les divisions religieuses furent long-temps les plus importantes, alors que tous les actes de la vie sociale ressortissaient plus ou moins directement du clergé.

Voici quelles étaient les paroisses de la capitale, en 1315, sous Philippe-le-Bel, au cœur du moyen âge.

Dans la ville, quatorze, savoir :

Saint-Germain-l'Auxerrois, Saint-Huistace (Eustache), Saint-Sauveur, Saints-Innocens, Sainte-Opportune, Saint-Leu et Saint-Gilles, Saint-Ioce, Saint-Lorenz (Laurent), Saint-Nicolas-des-Champs, Saint-Merri, Saint-Jacques-de-la-Boucherie, Saint-Gervais, Saint-Jean-en-Grève, Saint-Pol;

Dans la cité, douze :

Saint-Landry, Sainte-Marine, Saint-Pierre-aux-Beus (Bœufs), Saint-Denis-de-la-Chartre, Sainte-Croix, Saint-Pierre-des-Arcis, Saint-Barthélemy, Sainte-Marie, Saint-Germain-le-Vieil, Sainte-Geneviefve-la-Petite, Saint-Xofle (Christophe), la Magdeleine;

Dans l'Université, sept :

Saint-Severin, Saint-André-des-Ars, Saint-Cosme et Saint-Damien, Saint-Benoist, Saint-Hilaire, Saint-Nicolas-du-Chardonnet, Sainte-Geneviefve-la-Grand';

En tout, trente-trois, réparties, comme on le voit, avec une étrange disproportion.

Plus tard, la Cité n'en eut pas moins de quatorze, tandis que le faubourg Saint-Germain, vingt-quatre fois plus étendu, n'en comptait qu'une seule, avec une succursale.

En 1775, peu d'années avant la fin de la monarchie, les paroisses étaient au nombre de cinquante, dix dans la Cité, vingt-six au nord, et quatorze au midi.

Le Paris moderne a réduit ses paroisses à douze, correspondantes aux douze arrondissemens, savoir :

L'Assomption, Saint Roch, Saint-Eustache, Saint-Germain-l'Auxerrois, Saint-Laurent, Saint-Nicolas-des-Champs, Saint-Merri, Sainte-Marguerite, Notre-Dame, métropole, Saint-Thomas-d'Aquin, Saint-Sulpice et Saint-Étienne-du-Mont.

V.

Mouvemens de la population et superficie de Paris.

Il est presque impossible de déterminer d'une manière même approximative le mouvement de la population de Paris, depuis les Romains jusqu'au quinzième siècle.

Le savant Dulaure ne l'estime pas à 50,000 âmes sous le règne de Philippe-le-Bel : peut-être est-il resté au dessous de la vérité, à force de se tenir en garde contre les exagérations des chroniqueurs ?

Quand la capitale se fut remise des fléaux des guerres anglaises, sous le règne de Louis XI, la population put atteindre le chiffre de 150,000 âmes, et s'élever ensuite, vers le milieu du seizième siècle, jusqu'à 200,000 ou 220,000, alors que Charles-Quint prétendait pouvoir faire tourner Paris dans son *Gand*.

Ces chiffres nous semblent devoir être considérés comme un minimum approximatif.

Au commencement du siége de 1590, les malheurs des guerres de religion avaient dû la faire décroître notablement : on dénombra 200,000 bouches à nourrir ; les contemporains prétendent que près de la moitié succombèrent aux misères de la faim et des luttes civiles.

La progression ascendante reprit avec l'avénement de Henri IV.

Dans les dernières années de Louis XIV et les premières de la régence, elle parvint à peu près à 510,000 âmes ; de 1752 à 1762, elle atteignit 576,000 au moins.

En 1755, les familles imposées étaient au nombre de 71,114.

Sous le règne de Louis XVI, Paris possédait 600,000 habitans.

La population continua de s'accroître, malgré les reviremens passagers occasionés par les crises et les malheurs de la révolution. En 1805 pourtant on ne la portait qu'à 547,750 âmes, déduction faite, il est vrai, des militaires; mais en 1817, elle était arrivée à 713,966 âmes, dont 657,172 recensées nominativement, 57,420 collectivement dans les hôtels garnis, les hôpitaux, les prisons, etc.

On comptait 226,922 ménages, 86,415 personnes secourues, 17,296 indigens malades dans les hôpitaux, à Bicêtre, Montrouge, et 3,253 détenus; 15,349 personnes dans les établissemens militaires, 11,232 dans divers autres établissemens.

Ainsi la partie souffrante de la population s'élevait à plus d'un septième de la masse générale.

De 1817 à 1827, celle-ci augmenta de 247 millièmes.

En 1827, elle atteignit son point culminant, 890,431 âmes, retomba en 1829 à 816,486, en 1831, à 774,338 : elle était en 1832 de 770,286.

La population indigente se montait à 68,986 personnes, 1 sur 11, $\frac{165}{1009}$ du chiffre total des habitans, et 31,723 ménages, dont 20,301 secourus annuellement, 11,422 temporairement.

Sur ces 31,725 ménages, 4,144 étaient logés à titre gratuit, 91 étaient chargés de loyers de 301 à 400 fr., 16, de loyers au dessus de 400 fr., preuve irrécusable du terrible fardeau que la cherté des locations fait peser sur les classes malheureuses, tandis que le budget du père de famille ne devrait pas dépasser en location 10 pour °/₀ du revenu.

Les 12 arrondissemens et les 48 quartiers de la grande cité forment 12 villes de 64,000 habitans, l'une dans l'autre, ou 48 villes de 16,000.

Le 10ᵉ arrondissement est le plus populeux, il renferme 83,127 habitans; le 9ᵉ est le moindre, et n'en compte que 42,561.

Le quartier Saint-Martin-des-Champs et celui du Palais de Justice offrent les deux extrémités de l'échelle pour les quartiers: le 1ᵉʳ porte 26,169 âmes; le 2ᵉ, 3,043.

Vers le milieu du xvıᵉ siècle, Paris renfermait huit à neuf mille pauvres sans moyens d'existence connus, plus six à sept mille garnemens n'en ayant qu'un, l'exploitation de la bourse d'autrui;

En tout, environ quinze mille individus dépourvus de toute ressource honnête.

Sous Louis XIV, la population des Cours des Miracles s'élevait, assure-t-on, à près de 40,000 âmes, dénombrement sans doute susceptible d'une forte réduction.

Quoi qu'il en soit, en 1666, le gouvernement, à l'éminente satisfaction de la bourgeoisie et des artisans paisibles, jeta de gré ou de force cette dangereuse partie du peuple parisien dans un hôpital général, dit de la Salpêtrière.

On voit que la pensée de la Maison de Refuge n'appartient pas plus à notre siècle, que mainte autre invention soi-disant contemporaine.

Ce fut, alors comme de nos jours, un insuffisant remède; car, sous Louis XV, les mendians étaient encore, dit-on, au nombre de 27 à 30,000.

C'est à dater de l'administration de Colbert que le mouvement annuel de la population de Paris peut s'établir avec certitude.

L'an 1670 vit 21,461 décès, 3,930 mariages, et 16,816 naissances.

En 1679, grâce à la rigueur de l'hiver, les décès dépassèrent les naissances de près de 10,000, 2/3 en sus.

La mortalité continua fréquemment de l'emporter durant les longs revers de Louis XIV. La funeste année 1709 compta 29,288 morts contre 3,047 mariages et 16,910 naissances.

En 1718, les naissances ont repris l'avantage;

elles sont au nombre de 18,507 avec 4,290 mariages contre 12,954 morts.

1719 et 1740 sont également remarquables par la surabondance des naissances.

En 1789, 19,962 décès pour 4,897 mariages et 20,340 naissances; il y a presque équilibre.

1791, année favorable, montre 20,354 naissances, 7,410 mariages, et seulement 17,950 décès.

La disette de l'an II cause une mortalité de 30,388, contre 24,312 naissances : les mariages arrivent au chiffre culminant de 9,300, grâce à la loi du divorce.

En l'an V de la république, le mouvement d'ascension recommence, et continue durant le consulat et l'empire.

1814, époque fatale à la France, porte les morts de Paris à 33,116, y compris ceux qui ont succombé pour défendre la capitale dans la journée du 30 mars.

Les mariages sont retombés à 4,188, les naissances à 21,247.

Un revirement s'opère, et se perpétue en dépit des disettes de 1816 et 1817. De 1822 à 1828, les mariages restent entre 7 et 8,000.

1828 présente 24,557 décès contre 29,601 naissances.

En 1831, 25,996 décès, savoir : à domicile,

15,520; aux hôpitaux, 8,884; militaires, 1,531; dans les prisons, 76; déposés à la morgue, 285.

Il est à observer que la portion des enfans morts-nés est progressive : en 1819, 1,352; en 1828, 1,626; en 1830, 1,627; en 1832, 1,709.

Dans les années qui suivent les grandes mortalités, la quantité progressive des mariages et des naissances est très-remarquable. Il semble que la nature ait horreur du vide.

On ne commença qu'en 1806 à énumérer à part les enfans naturels. Cette année en offrit 6,282 sur le chiffre total de 24,045 naissances.

Leur nombre se maintient dans les 6,000 en 1807 et 1808; dans les 7,000, en 1809 et 1810; dans les 8,000, de 1811 à 1816 inclusivement. 1817 les voit arriver à 8,847 sur 23,759 naissances (c'est la plus forte proportion, presque 1 sur 2 1/2). Jusqu'en 1823, ils vacillent entre 8 et 10,000, sans atteindre cette dernière somme; ils y parviennent en 1824, qui donne 10,221 sur 28,812. 1828 présente le résultat de 10,475 sur 29,601 naissances; 1831, 10,378 sur 29,530.

Ainsi, d'un peu plus du quart, les naissances illégitimes sont arrivées à près de 1 sur 2 1/2, puis retombées à quelque distance au dessus d'un tiers.

Les enfans abandonnés par leurs parens étaient, de 1710 à 1730, dans la proportion de 1 sur 9;

De 1730 à 1750, 1 sur 6;
1750 à 1770, 1 sur 4, ou même 3,80°;
1770 à 1790, 1 sur 3, ou 3,20°, point culm^t.;
1790 à 1810, 1 sur 4, ou 4,40°.

Il y a donc amélioration dans cette triste statistique depuis le commencement de nos révolutions [1].

En 1710, la somme totale de ces infortunés fut de 1,698;

En 1772, de 7,676, qui demeura le chiffre proportionnel le plus élevé;

En 1796 (ans IV et V de la république), de 3,122, *minimum* à partir de 1772;

En 1828, de 5,497;

En 1831, de 8,173.

Dans l'ensemble des naissances, la relation du chiffre des garçons à celui des filles est comme 22

---

[1] Les environs de Paris, dans un rayon de 40 lieues, fournissent à cette masse un contingent considérable; la multitude d'enfans parisiens envoyés en nourrice hors de la ville, et les vieillards qu'attirent en foule des provinces nos hospices nombreux, rendent impossible tout rapprochement exact du mouvement de la véritable population de Paris avec celui des populations départementales.

à 21, tandis que les naissances féminines dominent parmi les enfans abandonnés.

Au dix-huitième siècle, l'âge moyen d'un homme, au moment du mariage, était 29 ans 68°; celui d'une femme, 24 ans 72°, ce qui établit une différence d'âge moyenne de 4 ans 96°; et la durée d'une génération virile est de 33 ans 31°.

De 1670 à 1700, chaque mariage produisit, l'un dans l'autre, 4 4/5 enfans : il n'en met plus au jour que 4 1/10.

Avril est le mois où sévit le plus fortement la mortalité; juillet, celui qu'elle frappe le moins. La proportion entre eux est de 1,884 à 1,347, environ 7 à 5.

On compta en 1817 351 suicides dans Paris, sur lesquels 235 hommes et 116 femmes.

L'amour revendiquait 22 de ces victimes.

En 1821, 348, dont 35 par amour.

Les variations annuelles ne sont pas très-sensibles.

En 1826, 511 suicides (333 hommes et 178 femmes), effectués ou tentés, et 357 suivis de mort :

Dont 100 par amour ou chagrins domestiques, et 100 par misère et indigence.

Les 770,286 individus formant la population

fixe de la capitale, se trouvent répartis sur une superficie totale de 34,379,016 mètres carrés;

De laquelle, si vous retranchez 889,393 mètres carrés pour les boulevarts et les rues, 1,469,016 pour les eaux, etc., etc.,

Il restera pour les maisons, cours, jardins, etc., 32,910,000 mètres carrés, divisés entre les douze arrondissemens et les quarante-huit quartiers de Paris, avec une extrême disproportion.

Le huitième arrondissement offre à 72,800 habitans une surface de 6,102,285 mètres carrés; le quatrième, 559,604 mètres carrés seulement à 44,734 habitans.

Le quartier des Invalides compte 20,150 habitans et 2,980,000 mètres carrés; celui des Arcis, 10,602 habitans et 70,000 mètres; vingt-deux fois moins d'étendue proportionnellement à sa population !

Moins de 7 mètres carrés par créature humaine, 3 fois 1/2 sa tombe, pour vivre, remuer et respirer !

Le maximum d'espace pour chaque individu est de 190 mètres carrés, la moyenne, de 43, le minimum, de 7.

Vingt-trois quartiers de Paris ne comptent par habitant que de 10 à 20 mètres d'espace.

Le voisinage de la Seine, cette voie nourricière par laquelle se transportent une grande partie des approvisionnemens de Paris, l'établissement de la halle centrale, peuvent expliquer cette concentration meurtrière dans certaines localités.

VI.

Consommation, etc.

Vers le milieu du quinzième siècle, Paris, au dire d'un contemporain, dépensait plus de 15,000 écus par an en fleurs, bouquets et *mais* verts, alors en usage dans toutes les cérémonies civiles et religieuses.

Était-ce un préservatif qu'opposaient nos aïeux aux exhalaisons des fanges lutétiennes ?

En 1692, un voyageur prétendit que la capitale renfermait au moins 4,000 vendeurs d'huîtres, et qu'il s'y consommait par jour 1,500 bœufs, et 16,000 moutons, veaux et cochons.

L'exagération ridicule de cette estimation montre combien étaient imparfaites les connaissances statistiques.

Vers 1775, il entrait dans Paris, année commune, 14,330,088 setiers de blé et seigle.

Il s'y consommait 179,788,224 livres de pain.

Voici le chiffre de quelques uns des principaux objets de consommation, dans les années qui précédèrent la révolution.

Pain.............	205,312,500 livres	(100,500,000 kilog.).
Riz..............	3,500,000 id.	
Vin.............	250,000 muids	(685,295 hectol.).
Eau-de-vie.......	8,000 id.	(21,929 hectol.).
Bière...........	20,000 id.	(54,823 hectol.).
Bœufs...........	70,000 têtes.	
Vaches..........	18,000 id.	
Veaux...........	120,000 id.	
Moutons.........	350,000 id.	
Porcs............	35,000 id.	
Viande en détail....	1,380,000 livres	(675,372 kilog.).
Poissons de mer.....	10,000,000 id.	(4,894,000 kilog.).
Bois.............	714,000 cordes	(2,741,760 stères).
Charbon de bois.....	694,000 voies	(1,443,520 hect.).
Charbon de terre....	16,000 id.	(187,824 hect.).
Œufs............	78,000,000.	
Beurre...........	5,850,000 livres	(2,862,990 kilog.).
Fromages frais......	424,000 id.	
Fromages secs......	2,600,000 id.	(1,272,440 kilog.).
Sucre et cassonade ...	6,500,000 id.	
Huile............	6,000,000 id.	(32,088 hectol.).
Café.............	2,500,000 id.	
Toile............	6,000,000 aunes.	
Fer..............	8,000,000 livres.	
Plomb...........	3,200,000 id.	

La consommation annuelle de la capitale étant évaluée à 260 millions de francs, les économies à 40 millions, la masse des habitans devait donc posséder un revenu de 300 millions.

En 1815, il entra dans Paris 642,445 hectolitres de vin en cercle, 78,122 bœufs, 11,910 vaches, 77,466 veaux, 358,502 moutons, 81,397 porcs et sangliers, 1,021,120 voies de charbon de bois, 940,632 stères de bois dur, 159,189 de bois blanc.

La présence des armées ennemies et de la multitude d'étrangers attirés à leur suite, porte cette année au point culminant de la consommation, du moins quant à la plupart des objets précités, comme la disette établit en 1817 un minimum presque général.

Vers 1818, l'appétit parisien absorbait quotidiennement 238,500 kilogrammes (479,000 livres) de pain; annuellement, 113,880,000 kilogrammes de pain, et 323,610 hectolitres de pommes de terre. Ce dernier chiffre peut se considérer encore comme terme moyen.

En 1819, Paris reçut 801,524 hectolitres de vin en cercle, accroissement important qui déroge à l'observation de tout à l'heure ; 70,819 bœufs, 6,481 vaches, 67,719 veaux, 329,070 moutons, 64,822 porcs et sangliers, 874,919 stères de bois, 1,793,821 voies de charbon de bois, 489,820 hectol. de charbon de terre, 1,267,564 kilogrammes de fromages secs.

Ce dernier comestible avait fait en deux ans un notable progrès; car 1817 n'en avait consommé que 882,271 kilogrammes.

Le chiffre des bœufs était encore à peu près le même qu'en 1789 : la consommation de vaches se trouvait diminuée de près des deux tiers, celle de veaux, de près de la moitié; les moutons avaient baissé dans la proportion de 329 au lieu de 350, les porcs augmenté dans celle de 7 à 13.

En 1826, voici quelques objets importans de consommation.

Pain............	156,984,810 kilogrammes.	
Vins en cercle.....	966,830 68 hectolitres.	
Eau-de-vie......	31,304 15 *id.*	
Bière tant introduite que fabriquée dans Paris...........	167,615 58 *id.*	
Huile d'olive......	8,117 88 *id.*	
Huile commune....	69,854 46 *id.*	
Bœufs..........	81,433 têtes de bétail, pes. 26,872,290 k.	
Vaches..........	13,237 *id.*	3,441,620
Veaux..........	74,320 *id.*	4,913,380
Moutons.........	403,583 *id.*	8,475,243
Porcs...........	90,830 *id.*	6,812,250
Viande à la main...	2,210,059 kilogrammes.	
Charcuterie......	707,297 *id.*	
Bois dur........	895,833 90 stères.	

Bois blanc . . . . 192,826 50 stères.
Charbon de bois. . . 1,082,724 1/2 voies de 2 hectolitres.
Charbon de terre [1] . . 946,302 or id.
Matériaux de constr. 690,500 mètres cubes.
Bois de charpente. . . 85,054 id.

En 1811, Paris consomma 931,000 pigeons, 174,000 canards, 1,540,000 poulets, chapons et poulardes, 549,000 dindons, 328,000 oies, 131,000 perdrix, 177,000 lapins et 29,000 lièvres.

Il s'y vendit, en 1817, pour 6,293,337 francs de volaille et gibier.

L'an 1819 alla jusqu'à 7,601,402 francs des mêmes objets, et vit dépenser 7,105,531 francs en beurre, et 3,676,302 francs en œufs.

En 1826, il se vendit au marché central de la Vallée 183,310 canards, 1,927,829 poulets, chapons et poulardes, 551,457 dindons, 394,694 oies, 151,904 perdrix, 310,228 lapins, 17,103 lièvres, pour une somme brute de 9,179,603 fr. 80 cent.

Malheureusement la consommation générale de la capitale n'est pas répartie avec plus d'équité que l'air, la lumière et l'espace, et l'état de souffrance des classes inférieures, non moins que le

[1] Matière première industrielle, premier instrument de fabrication encore insuffisant à Paris.

bas prix de la main d'œuvre, entravent toujours son accroissement ultérieur [1].

La moyenne proportionnelle du salaire de l'artisan parisien n'est aujourd'hui que de 782 francs par an, somme bien insuffisante pour subvenir à ses besoins, et à ceux d'une famille souvent nombreuse et incapable de l'aider dans ses travaux.

La moyenne proportionnelle de la dépense du Parisien s'élève, d'après les observations de M. Millot, à 1,020 francs 98 centimes; savoir :

Contributions, octroi, etc.	136	00
Loyer.	91	20
Réparations des maisons.	22	80
Nourriture	352	43
A reporter. . . .	602	43

[1] Sous Philippe-Auguste, chaque toise du mur d'enceinte de Paris fut payée 100 sous. Les portes de l'enceinte méridionale coûtèrent chacune 120 livres. En 1358, lors de la construction du mur d'Étienne Marcel, les conducteurs de travaux, pionniers et maçons recevaient 4 à 5 sous par jour; les manœuvres, 3 sous, et les porteurs, 2 sous. La maçonnerie revint à 8 sous la toise.

En 1525, les ouvriers qui rasèrent les buttes voisines des remparts furent payés à raison de 20 deniers par jour.

En 1826, dans la fureur des constructions, une toise de terrain fut vendue jusqu'à 3,000 fr.

Report. . . .	602	43
Habillement.	70	48
Chauffage.	48	34
Éclairage	19	84
Blanchissage.	36	00
Mobilier, entretien, etc.	68	02
Éducation des enfans.	35	75
Étrennes.	1	72
Spectacles.	7	09
Frais d'accouchement	1	00
Frais de nourrice	3	77
Frais de médecin, etc..	11	56
Journaux, abonnemens et lecture. .	3	43
Domestiques et salariés.	46	00
Chevaux.	29	42
Voitures et harnais.	3	46
Frais de transport.	11	54
Tabac.	6	51
Bains	3	20
Bienfaisance générale.	11	42
	1,020	98

VII.

Ponts, quais, etc.

Paris compte aujourd'hui dix-neuf ponts sur la Seine :

1°. Le Pont-au-Change, appelé jadis Grand-Pont, puis Pont-aux-Changeurs, sur le bras septentrional de la Seine ;

2°. Le Petit-Pont, sur le bras méridional.

Ce furent long-temps les seuls points de contact du Paris primitif avec le continent.

3° et 4°. Les ponts de la Tournelle et Marie, au nord et au sud de l'île Saint-Louis.

Ils ont remplacé l'ancien Saint-Bernard-aux-Barrez, double pont de bois réuni sous une même dénomination, et qui datait de 1370.

5°. Le pont Saint-Michel, premièrement dit Pont-Neuf, jeté pour la première fois en 1378 sur le bras méridional de la rivière ;

6°. Le pont Notre-Dame, construit sur le bras opposé, en 1415, refait, tel qu'il subsiste, en 1512 ;

7°. Le pont de la Cité, entre les îles de la Cité et de Saint-Louis, bâti de 1801 à 1804, en remplacement du Pont-Rouge;

8°. Le Pont-aux-Doubles;

9°. Le pont Saint-Charles ou de l'Hôtel-Dieu;

Et 10° le pont de l'Archevêché : tous trois sur le bras du midi;

11°. Le Pont-Neuf, commencé sous Henri III, en 1578, terminé sous Henri IV, en 1607;

Et 12° le Pont-Royal ou des Tuileries, commencé en 1685, à la place du Pont-Barbier, qui n'avait duré que huit ans, de 1632 à 1640 [1]; tous deux sur la Seine entière. Un simple bac, avant le Pont-Barbier, communiquait des Tuileries au Pré-aux-Clercs.

13°. Le pont de Grammont, entre le quai des Célestins et l'île Louviers, construit vers 1680, et rétabli en 1823;

14°. Le pont Louis XVI, appelé depuis pont de la Révolution et pont de la Concorde, entrepris en 1787;

15°. Le pont des Arts, premier pont de fer établi à Paris, construit de 1802 à 1804;

---

[1] Il coûta 742,171 livres 11 sous. Le pont d'Iéna, 124 ans après, a coûté 6,175,128 fr. 75 cent., y compris, il est vrai, l'acquisition du terrain des abords.

16°. Le pont d'Austerlitz ou du Jardin des Plantes, de 1802 à 1806;

17°. Le pont d'Iéna ou de l'École Militaire, de 1809 à 1813;

18°. Le pont des Invalides.

Tous cinq sur la Seine entière.

Et enfin 19° le pont d'Arcole, sur le bras septentrional du fleuve.

Un pont de bois, nommé Pont-aux-Meûniers, puis Pont-Marchand, conduisait autrefois du quai de l'Horloge, dans la Cité, à celui de la Mégisserie. Brûlé en 1621, il n'a plus été rétabli, la construction du Pont-Neuf le rendant à peu près inutile.

La construction d'un vingtième, entre la galerie du Louvre et le faubourg Saint-Germain, vis-à-vis la rue des Saints-Pères, est maintenant décidée et même entamée.

Suivant les judicieuses observations de M. Millot, la Seine offre désormais entre ses deux rives et ses îles des communications bien suffisantes : à moins de *voûter* le fleuve, on n'en saurait établir de plus rapprochées les unes des autres, et il ne reste plus à désirer que de voir établir un dernier pont qui lierait la Vieille rue du Temple avec l'archevêché, en s'appuyant sur la pointe de l'île Saint-Louis.

Le canal de l'Ourcq possède un pont, celui de l'Arsenal, quai Morland.

Les ponts ou ponceaux de la Bièvre sont au nombre de six.

Les quais de la capitale sont au nombre de 35, savoir :

15 sur la rive droite de la Seine, 12 sur la rive gauche, 4 dans l'île de la Cité, et 4 dans celle de Saint-Louis.

Le premier quai construit dans Paris est celui de Nesle, appelé maintenant quai Conti ou de la Monnaie. Ce fut le roi Philippe-le-Bel qui commanda de revêtir de pierres le talus du fleuve, auparavant planté de saules, ce qui fut exécuté vers 1313, quelques années avant les tragiques aventures de la Tour de Nesle, si la tradition est digne de foi.

A la fin du seizième siècle, Paris ne possédait encore que quatre à cinq quais. Ils s'accrurent considérablement sous Louis XIV, puis sous le règne monumental de Napoléon : les quais du Cours-la-Reine et des Invalides, l'élargissement de ceux de la Mégisserie et de la Grève honorent l'administration de ces dernières années.

Les ports, où les bateaux de commerce de la Seine viennent déposer leurs chargemens, étaient au nombre de quatorze, au temps de Charles V, alors que florissait la *hanse* parisienne.

On en compte encore autant de nos jours.

Il existe en outre, sur les deux bords de la Seine et sur ceux des deux îles habitées, vingt-un abreuvoirs et douze puisoirs.

Paris, dans les dernières années du treizième siècle, était sillonné de 310 rues, 80 dans le quartier d'Outre-Petit-Pont, 36 dans la Cité, et 194 dans Outre-Grand-Pont.

Sous Henri IV, on lui en donne 414, 83 dans l'Université, 37 dans la Cité, 294 dans la ville.

Au commencement du règne de Louis XV, elles avaient atteint le chiffre de 989.

On en compte aujourd'hui 1223.

Vers le milieu du dix-septième siècle, les Cours des Miracles, si célèbres dans notre littérature moderne, s'élevaient au moins à douze.

Paris renferme maintenant 185 galeries, passages et cours, dont deux conservent encore la qualification des Miracles, bien que leur aspect n'ait pas moins changé que les mœurs de leurs hôtes.

L'une des deux, donnant dans la rue Neuve-Saint-Sauveur, fut jadis la capitale du royaume argotique, et le séjour impérial du grand Coësre.

Sic transit gloria mundi!

On compte dans Paris 10 cloîtres, 6 enclos, 5 halles, 30 marchés, 109 impasses, 92 carrefours et places, 23 ruelles, 31 allées et avenues, 19 boulevarts.

Le Paris du moyen âge, sous Philippe-le-Bel, renfermait 5,955 *feux* ou familles.

Sous Henri II, il contenait environ 12,000 maisons, 23,565 en 1754, 26,801 en 1817, aujourd'hui, 29,545.

On comptait en 1817 8 ménages 39 centièmes par maison, 2 personnes 92° par ménage, 24 personnes 52° par maison. Aujourd'hui ce dernier chiffre monterait à 30.

En 1728, les rues furent distinguées pour la première fois par des noms inscrits à chacun de leurs coins : le numérotage actuel des maisons s'opéra en 1806.

Les numéros noirs désignèrent les rues à peu près perpendiculaires à la Seine, les rouges, les rues parallèles.

Les premiers partirent toujours du point le plus rapproché de la rivière, les seconds, du point le plus élevé de son cours.

Grâce à cette sage et utile mesure, les 1223 rues de Paris ne seront plus pour le provincial, l'étranger, ni parfois pour le Parisien lui-même, un labyrinthe inextricable, surtout si l'on en vient à placer près du nom de chaque rue l'indication du quartier et le chiffre de l'arrondissement.

Sous Philippe-Auguste, deux aqueducs, ceux de Belleville et du pré Saint-Gervais, alimentaient trois fontaines dans la partie septentrionale de Paris : la Cité et l'Outre-Petit-Pont en étaient dépourvus.

La Ville, au temps de Louis XII, en renferme seize, puis dix-sept sous François Ier, et dix-huit sous Henri IV; la Cité en possède enfin une, et la fameuse Samaritaine décore le Pont-Neuf.

En 1669, la Ville compte vingt fontaines; mais l'Université, grâce au rétablissement de l'aqueduc romain d'Arcueil ou de Rungis, en oppose pour lors quinze à sa rivale.

Total, trente-sept.

Aujourd'hui, nous possédons 65 fontaines publiques, sans compter les bornes-fontaines, arrivées au nombre de 200, et qu'on doit porter incessamment à celui de 600.

Ce rapprochement numérique donnera une idée approximative des pas immenses qu'a faits la salubrité publique (bien qu'elle soit à peine à la moitié de sa route), surtout si l'on se remémore les concessions abusives qui jadis épuisaient au profit de quelques privilégiés les rares cours d'eau de la capitale.

Nous ne pouvons espérer du *mieux-être* que d'une législation fondée sur les vrais principes de l'hygiène publique.

L'éclairage permanent fut inconnu à Paris jusqu'aux deux tiers du dix-septième siècle.

Avant le lieutenant de police La Reynie, les bourgeois étaient seulement tenus d'éclairer leurs croisées dans certains momens de troubles et de péril public, comme en 1524, 26, etc., lorsque les bandes de brigands appelés *Mauvais Garçons* infestaient Paris.

Ce magistrat établit des lanternes à poste fixe dans chaque rue : elles n'étaient garnies que de chandelles.

On y substitua les réverbères en 1766 : leur nombre fut d'abord de 3,500, alimentant 7,000 becs de lumière.

En 1809, on comptait 11,050 becs; en 1818, 11,835; en 1821, 12,672, placés dans 4,553 lanternes; plus 482 lanternes et 668 becs éclairant les établissemens publics.

En 1829, 11,956 becs, dans 5,123 lanternes; savoir : becs permanens, 5,973, becs variables, 5,983.

Le pavage de Paris, commencé sous Philippe-Auguste, en 1185, se continua lentement à travers les siècles : du temps de Louis XIII, après 450 ans, la moitié de la capitale était encore dégarnie de pavés.

Aujourd'hui l'on emploie annuellement pour l'entretien des rues, places et boulevarts de Paris, 1,000,000 à 1,200,000 pavés neufs.

Le total des superficies pavées se monte à 2,830,541 mètres ; savoir :

Pour les rues et places 2,604,262ᵐ
Pour les boulevarts intérieurs. . 125,118ᵐ
Pour les boulevarts extérieurs. . 101,161ᵐ
Chaussées en cailloutis ou contre-allées. 635,093ᵐ

TOTAL. 3,465,634ᵐ

de voie publique à entretenir.

Plus, 9,555 cuvettes et 18,184 arbres.

Les trottoirs occupent une superficie de 46,365 mètres, sans 4,903 mètres de boulevarts dallés; innovation qui mérite toutes les actions de grâce du pauvre piéton parisien !

Nous avons indiqué, dans l'esquisse historique, la naissance de nos deux principaux théâtres, la Comédie Française, vieille gloire nationale maintenant pâlie comme tant d'autres, et l'Académie Royale de musique, dont la splendeur progressive a fait du temps son allié.

En 1807, il n'y avait dans Paris que huit théâtres.

Leur nombre total est aujourd'hui d'environ 20, y compris ceux de la banlieue.

Nous voudrions pouvoir citer cet accroissement

numérique comme une preuve de prospérité croissante ; mais, par malheur, la proportion inverse serait moins éloignée de la vérité, le capital des recettes étant resté à peu près invariable.

Paris contient douze palais, trente-sept églises, dont une, Saint-Germain-l'Auxerrois, a été enlevée *provisoirement* au culte, par suite des troubles de février 1831, et demeure depuis lors sous la loi générale du *statu quo*, en attendant le percement de la rue Louis-Philippe ; deux temples calvinistes, un luthérien et une synagogue hébraïque.

On y comptait, en 1817, 692 hôtels garnis.

Il est difficile d'évaluer le nombre des cafés, restaurans, etc.

Les besoins intellectuels voient s'ouvrir devant eux cinq bibliothèques publiques, et plus de 1,000 cabinets de lecture.

Les carrosses, appelés *coches*, étaient fort rares à Paris avant Louis XIII, et réservés exclusivement aux grands seigneurs : l'élargissement d'un grand nombre de rues, sous le règne suivant, l'accroissement de la population et de l'aisance bourgeoise, amenèrent l'établissement des fiacres ou voitures de place ; on vit même alors la ville parcourue par des voitures publiques à six sous, analogues à nos modernes *omnibus*, invention démocratique qu'on devait ressusciter après un siècle et demi.

A la fin de 1813, Paris possédait 15,048 voitures, sur lesquelles 174 messageries, 461 carrosses et 229 cabriolets de remise, 889 fiacres, 1155 cabriolets de place, tant de l'intérieur que de l'extérieur, 6,012 charrettes et haquets, 5,130 cabriolets particuliers, etc.

Au 1ᵉʳ janvier 1819, on en comptait 18,276, dont 106 messageries (sans compter les voitures des environs de Paris), 489 carrosses et 388 cabriolets de remise, 900 fiacres, 1171 cabriolets de place, 9,080 charrettes, haquets, etc., sans parler d'environ 4,000 carrosses particuliers, ni des voitures employées au nettoiement des rues.

En 1826, Paris renfermait 6,000 haquets et charrettes, 2,500 voitures de maître, 5,000 cabriolets, tapissières, etc.

La multitude des voitures, qui traversent et encombrent Paris en tous sens, éclaboussent, écrasent parfois le Parisien et surtout le provincial, est un avantage encore très-contestable aux yeux du modeste piéton, bien que les transports en *omnibus* à 6 et même à 5 sous l'aient un peu raccommodé avec elles.

Le nouvel alignement des rues qui, à moins de mesures extraordinaires, exigera 140 ans, l'établissement de trottoirs dans les nombreux quartiers qui en sont dépourvus, feront disparaître la plupart des inconvéniens signalés plus haut, et réconcilieront la masse parisienne avec la multiplicité des véhicules devenus accessibles à toutes les fortunes; car la circulation est le premier mobile du *commerce*.

VIII.

Fléaux de Paris.

La prostitution, pour indiquer en passant la partie honteuse de la statistique, n'a pas crû proportionnellement à la marche ascendante de la population.

Sous ce rapport, comme sous tant d'autres, le progrès des lumières a plus concordé avec celui des mœurs que beaucoup de personnes n'en veulent convenir.

Au quinzième siècle, sous Charles VII, époque où Paris n'offrait peut-être pas la cinquième partie de sa population actuelle, le nombre des *belles filles* (comme on les nommait poliment) montait de 5 à 6,000.

L'ignoble règne de Louis XV vit environ 32,000 *prostituées* inscrites aux registres de la police!

En 1807, époque de gloire et de bien-être public, les *filles* inscrites étaient réduites à 1,500.

En 1817, ce nombre s'était relevé jusqu'à 2,600, grâce sans doute à la présence de *nos amis les ennemis;* plus, deux fois autant de prostituées non inscrites.

On l'estime présentement à environ 6,180 en tout.

On ne saurait trop louer les mesures de surveillance employées à leur égard, et même la prescription du dépôt de l'acte de naissance, qui, lorsqu'il est réclamé au pays natal, éveille l'attention des familles, et peut enlever au vice des malheureuses que l'incognito y encourageait.

Poursuivons la liste des fléaux.

Les maisons de jeu furent établies au nombre de quinze, par le lieutenant de police Sartines.

Fermés par la république, ces antres odieux furent rouverts sous la domination de Napoléon; ils étaient au nombre de neuf en 1817, donnant 5,500,000 fr. à l'Etat, et absorbant un mouvement annuel de 33 millions, lorsque notre agriculture manque de capitaux.

François Ier, dit le père des lettres, eût pu être appelé à plus juste titre le père de la loterie.

Cette fille des rois compte aujourd'hui 152 bureaux dans Paris.

Les chambres ne lui ont concédé que pour quatre ans en çà le privilége de ruiner les familles et de corrompre les mœurs;

Ainsi prenons patience : la loterie moribonde ne survivra pas à 1836.

L'une des plaies les plus invétérées de la capitale, depuis les temps barbares presque jusqu'à la fin de la monarchie, fut cette multitude de juridictions ou *justices*, qui se disputaient les membres torturés du triste Paris.

Outre les juridictions diverses qui relevaient directement de la couronne, au nombre de quatorze, huit royales et six particulières, Paris était partagé, au commencement du règne de Louis XIV, en seize justices féodales ecclésiastiques;

Celles de l'archevêché, de l'officialité, du chapitre de Notre-Dame, des abbayes Sainte-Geneviève, Saint-Germain-des-Prés, Saint-Victor, Saint-Magloire, Saint-Antoine-des-Champs, des Prieurés de Saint-Martin-des-Champs, du Temple, de Saint-Denis de la Chartre, Saint-Eloy, Saint-Lazare, des chapitres de Saint-Marcel, Saint-Benoît et Saint-Merri.

Chacune de ces seigneuries féodales avait une ou plusieurs prisons, en tout 25, sans parler des prisons royales, dont les principales étaient, au quinzième siècle, celles 1° du Louvre; 2° du Grand-Châtelet, subdivisées en 15 geôles et cachots; 3° du Petit-Châtelet, aussi subdivisées en plusieurs *chartres;* 4° de la Conciergerie; 5° de la Bastille; 6° de Nesle; 7° du Prevôt-des-Marchands, etc.

Paris ne subit plus de justice exercée en d'autres noms que celui du roi des Français, et ses prisons sont réduites à dix, nombre plus que suffisant à la répression des délits ordinaires, si la politique n'y entassait de temps à autre les victimes que l'esprit du siècle ne lui permet plus d'envoyer à l'échafaud.

Après les fléaux imposés par les hommes à leurs frères ou bien à eux-mêmes, un mot sur d'autres calamités, dont les fureurs et les vices humains ont été l'une des causes, mais non la seule cause :

Famines, épidémies, mortalités, etc.

La triste et fatale période carlovingienne, ou plutôt karlingienne, et les règnes des premiers Capétiens furent sans cesse en proie aux plus cruelles misères.

De 843 à 876, en 23 ans, 14 famines désolèrent Paris, si terribles, qu'elles enfantèrent de nombreux actes d'antropophagie.

Les disettes sans cesse renouvelées furent suivies, en 945, de la célèbre épidémie appelée *mal des ardens* ou *feu Saint-Antoine*, qui reparut fréquemment durant tout le cours du moyen âge.

En 1059, commença une famine de sept années consécutives.

Le règne de Philippe-Auguste en fut frappé au moins à sept reprises.

En 1194 et 1221, le setier de blé valut à Paris jusqu'à 16 sous (environ 16 francs, le marc d'argent étant alors à 50 sous[1]).

La peste noire, considérée comme analogue à notre choléra-morbus, fit d'effroyables ravages en 1348.

En 1360, le setier de blé valut 100 sous ; il est vrai que la valeur du marc avait baissé considérablement par suite des altérations fréquentes des monnaies.

En 1418, peste et famine qui enlevèrent, dit-on, 50,000 personnes.

1438 voit périr par les mêmes causes le même nombre de victimes, faisant environ le tiers de la population.

Depuis cette époque, l'année la plus funeste aux Parisiens fut, sans contredit, celle de 1590,

---

[1] En temps d'abondance, le blé ne se vendait que 2 sous 6 deniers (2 fr. 50 cent. à peu près) le setier.

quand l'imprévoyance des chefs de la Ligue leur fit soutenir un siége sans approvisionnemens. Le setier de blé monta jusqu'à 100 et 120 écus : les œufs se vendirent 10 et 12 sous la pièce ! Après avoir dévoré les animaux les plus immondes, le peuple fit du pain avec des ardoises, puis avec les os des charniers!

Les hivers de 1709, 1725, etc., furent cruels pour Paris : les disettes de l'an 11, de 1816 et 1817 ont été, depuis le commencement de la révolution, les plus rudes à supporter pour les classes inférieures.

Les grandes épidémies, qui ne diminuent qu'en proportion du progrès de la civilisation, étaient oubliées depuis long-temps dans notre Paris, quand l'orient nous envoya le choléra-morbus.

Il emporta, du 26 mars 1832 au 1ᵉʳ janvier 1833, 18,402 Parisiens.

Quels qu'aient été ses ravages, on voit qu'ils ne sauraient se comparer à ceux des anciennes *pestilences* et mortalités.

L'assainissement relatif de la capitale doit être compté pour beaucoup dans cette différence à l'avantage du siècle.

Nous ne saurions terminer cette notice de calamités sans accorder une mention à un mal permanent et nécessaire, la fiscalité, bien que le peu d'étendue de notre cadre ne nous permette pas d'aborder le dédale des impôts au moyen âge et sous la monarchie.

Contentons-nous d'examiner le fardeau de Paris à des époques plus récentes :

En 1815, le produit des contributions indirectes s'élève à 15,406,931 fr., celui des contributions directes à 25,631,906 fr., puis l'année suivante à 34,948,933.

L'impôt direct est retombé à 25,680,080 fr. en 1819; mais ce dégrèvement pèse sur l'impôt indirect, élevé à 21,650,663 fr. la même année, à 23,098,476 fr. en 1820.

Année moyenne, les contributions directes donnent 23,377,137 fr.; le domaine, enregistrement et timbre, 24,406,691 fr.

Paris paie 25 pour o/o des droits de successions ouvertes en France, et l'on estime qu'il enfouit, en partie dans des caves, 300 millions sur les 1,100 millions de numéraire qu'il possède, c'est-à-dire le tiers du numéraire de la France.

En 1816, la poste aux lettres rapporta 4,179,517 francs; son produit s'éleva jusqu'à 4,436,267 en 1818; en 1826, à 5,839,683,74; moyenne proportionnelle, 5,395,417.

L'octroi produisit en 1815, 18,152,121 fr.; en 1820, 26,142,585 fr.; 1825, 30,500,000 fr.

L'impôt indirect donne, année moyenne, 24,504,221 francs, plus la douane et les sels, 1,598,876 fr.

Les loteries reçurent en 1816, 19,552,000 fr.; en 1818, 29,371,000 fr.; moyenne annuelle, 27,047,894 fr.

Paris rend à l'Etat 91,758,219 fr. par an, sans son budget particulier qui s'élève à la somme énorme de 45,000,000, et même 54 et 62 millions quand il y a emprunt.

Ainsi les services publics et municipaux coûtent à la capitale 137 millions!

PARIS PORT DE MER.

Paris sera port de mer : quand? Ce n'est pas ce qu'il s'agit de résoudre ici. Il y a trop à discuter entre les données probables et les données possibles.

A l'heure qu'il est, il y a sans doute, et en très-grand nombre, d'habiles spéculateurs, des praticiens de cabinet qui tirent des lignes fort savantes sur le papier, d'autres qui sondent consciencieusement la solidité des couches de terrain limitrophes de la rivière; d'autres qui songent à livrer à la circulation les coupons de la future Méditerranée, enfin de plus hardis qui mettent en régie les bancs d'huîtres du Pont des Arts, établissent des restaurans imaginaires sur les quais futurs de Neuilly : ceci prouve de la foi. Cette foi n'est pas sans raison. Dans les cartons du ministère, il y a, depuis François Ier, depuis Sully, depuis Napoléon, des plans destinés à couvrir la France de merveilles. On pensera si long-temps, j'imagine, au péril de nous les donner à la fois, que nous pouvons nous rassurer sur les inconvéniens de la profusion.

Bien des problèmes se groupent autour de ce projet.

L'imagination un peu commère des Parisiens s'exagère peut-être à cet égard les proportions géométriques du canal. Nous ne devons aider aux rêveries d'avril de personne. L'océan restera dans ses rivages : il ne s'agit pas d'ouvrir aux marsouins l'accès de notre bonne ville. Il faut songer que les assises de nos arches sont prodigieusement élevées au dessus du niveau de la mer; et se défier surtout du prestige oriental des comparaisons. Si l'Egypte traça son canal entre la mer Rouge et la Méditerranée, c'est qu'elle réalisa ce projet entre deux mers à peu près de niveau ; c'est qu'elle employa à cette réalisation gigantesque le puissant levier de l'esclavage.

Voici le vraisemblable en attendant le vrai : sur l'inclinaison qui va depuis le sol de la capitale jusqu'aux grèves de la Manche, tous les confluens, l'Oise, la Seine et l'Eure, les irrigations qui s'y rendent, les étangs, les fuites d'eau les plus minces seront taxées, et fourniront leur contingent relatif pour créer, alimenter, mettre en mouvement un chemin d'eau douce vers le Havre. Ainsi, sauf le bassin qui peut avoir quelque dignité, on aura tout au plus de Paris à la mer un canal d'une largeur médiocre. Avis aux Herbelins de la rue Charlot, qui déjà respiraient en espoir l'air vif et saumâtre de nos falaises.

Nous ne nous piquons pas, dans l'absence où nous sommes de renseignemens matériels, de décider l'emplacement définitif du bassin ; c'est un procès savant et grave à débattre entre Vaugirard et la plaine des Vertus.

Il se présente d'autres difficultés ; celles de réunir sans danger sur un même point des masses de travailleurs, et celle de faire planer au dessus des capitalistes, des ingénieurs, des ouvriers, un génie administratif, militaire et habile à la police, au maniement répressif, préventif, paternel ou sévère de cette multitude de salariés. C'est presque un Napoléon à trouver. Le temps sera-t-il aux ordres de l'entreprise ? n'apportera-t-il pas sa part d'obstacles, je veux dire une révolution, la guerre au dehors, un fléau ou deux, famine ou peste, au grand risque d'interrompre l'ouvrage ? Je voudrais, dans l'intérêt bien entendu de l'autorité, qu'elle en fût déjà sortie à son honneur. Recommandons l'autorité et le port de mer à la Providence. C'est d'un bon chrétien. Si Dieu s'en mêle, c'est le plus haut degré de probabilité.

Je ne me suis nullement énuméré ces obstacles dans l'intention de les réfuter. Chaque objection que je ne puis résoudre laisse plus de champ à mes paradoxes. Je m'abandonne donc librement à la mythologie des inductions.

Et avant tout, nous le répétons, on comprend que dans un article entièrement consacré à des prévisions morales, il n'est pas absolument indispensable d'assigner le point physique où sera le bassin du port de Paris ; il sera où il pourra : je présume cependant qu'il ne sera pas trop éloigné des murs actuels de la capitale : ceci par considération pour les mœurs du terroir. Car s'il faut seulement prendre les coucous, perdre de vue les tours Notre-Dame, le bienfait avec ses conséquences est nul pour les Parisiens. Paris, port de mer à Saint-Cloud, n'existerait pas : Saint-Cloud deviendrait métropole, Paris serait de la province : des générations mourraient sans voir la mer.

Les peuples ont ainsi que chaque homme une certaine étendue de mémoire locale, et cette mémoire se résume en images. L'étendue se figure par une couleur, l'origine par un blason, la puissance par une devise : le pays se résume dans un monument. Ici que les mots ne nous abusent point : quand nous parlons du ciel, c'est l'horizon, cinq lieues au plus de couleur bleue et blanche; quand nous parlons de la terre, nous n'imaginons guère qu'une boule qui tiendrait dans le Champ-de-Mars; si nous nous figurons l'océan, nous n'allons pas beaucoup au delà de la grande pièce d'eau de Saint-Cloud. Les grands génies voient peut-être l'océan comme le lac de Genève, mais c'est une lourde fatigue.

Ceci constaté, je dirai que les peuples ont des coins d'images, des empreintes convenues, un monument, par exemple, qui passe sur la toile de leur cerveau dès qu'ils invoquent un nom. Ainsi quand ils nomment Gibraltar, c'est un rocher qu'ils se peignent avec une sentinelle là haut; Rome, c'est l'église de Saint-Pierre; Londres, c'est la Tamise; Constantinople, une grande coupole avec un croissant à l'extrémité : Paris, c'est le

Louvre. Cet emblème a dû varier. Toujours est-il que, si l'étranger parle de Paris, il est indubitable que son cerveau reproduise le Louvre. Le Louvre est le représentant cérébral de Paris.

Ce caractère baptismal sera perdu pour Paris dès que Paris sera port de mer. Ce sera peut-être un beau vaisseau de soixante et quatorze qui deviendra le patron mnémonique de la capitale, et alors se trouveront expliquées les armes parlantes qu'elle a, dans son orgueil d'eau douce, adoptées pour son écu. Un vaisseau d'argent sur un champ de gueules. Il en est arrivé de même à Venise, qui ayant eu saint Théodore pour patron, durant quelques siècles, le remplaça par le grand saint Marc, qu'elle acheta ou qu'elle vola aux habitans d'Alexandrie. Saint Marc et le lion, c'est Venise; figurez-vous aujourd'hui Venise sans le lion de Saint-Marc.

En tous cas le Louvre cédera sa place; car Paris sera bien moins que par le passé la ville royale : le commerce prévaut déjà. Il est à la chambre, il est à la bourse; il doit asseoir, et plus solidement que sur le trône de fer de Hugues Capet, la royauté moderne sur le ballot de laine.

Constatons que le centre de Paris a été tantôt à l'orient, tantôt au septentrion, tantôt au midi; qu'il est aujourd'hui à l'occident. Ce centre va être déplacé. Pour cela on suppose que Paris, attiré par son commerce vers le bassin de son port, descendra de tous ses rayonnemens vers la Seine, pour s'arrêter à la distance de ses quais larges, spacieux et pleins d'air. Chaque grand arc de rue de l'un et de l'autre côté du fleuve se rapprochera en se détendant. Tous les arcs successifs ainsi tirés parallèlement à la Seine, se résumeraient dans la ligne des boulevarts, si on les concevait dans un prolongement imaginaire qui partirait de la barrière du trône et aboutirait à la barrière de Neuilly. Ce n'est rien moins qu'une démolition générale. Toutes ces maisons hautes, toutes ces masures neuves qui menacent ruine, qui bordent les quais depuis le port Saint-Paul jusqu'au Louvre, et qui, sans caractère d'utilité, sont là comme elles seraient à Bourges, qui serpentent avec tous les méandres de la Seine, s'en iront où est allée la Samaritaine, où sont allées les maisons bâties contre les adossemens des ponts. Leur tour est venu. Civilisation neuve, maisons neuves. A des gens pressés de vivre, il faut des rues droites. La ligne droite n'est pas seulement le chemin le plus court d'un point à un autre; c'est aussi le plus propre, le plus sain, le mieux éclairé. Voilà déjà au bord de la Seine des rues propres, alignées; imaginez-vous la Seine courant au milieu de la rue de la Paix. Une fois les maisons en mouvement, la ville entière marche. D'un côté les faubourgs s'agrandissent, gagnent les hauteurs, pressent les barrières, les brisent pour aller au devant des chemins de fer, dont le bénéfice les atteint les premiers ; de l'autre, la ville neuve, la ville aujourd'hui étouffée entre les faubourgs et les masures des quais se lie par des places, des carrefours et des canaux à la jeune ville plantée au bord de la Seine. Le Paris de l'empire, le Paris de la restauration, la Chaussée d'Antin, le grand segment de maisons qui va de la Madeleine au Marais, a de l'air ; l'autre, le Paris que nous venons de bâtir, a de l'eau ; du Gros-Caillou au Jardin des Plantes, la parallèle se poursuit si bien que Saint-Gervais et le Panthéon paraissent les deux pavillons des ailes latérales de Notre-Dame. Ainsi, au nord et au sud, le vieux Paris et le Paris du moyen âge, celui de François Ier et celui de Louis XIII, se trouvent isolés. Ces échoppes de cinq étages, ces ruelles où le jour est pâle et empoisonné, tombent. On en aura pitié : on les abattra d'un coup. On désinfectera à la hache et à la poudre.

Il est aisé de deviner, au milieu de ce bouleversement, les dispositions architecturales, topographiques et domiciliaires qu'affectera Paris. Ce seront de grandes lignes coupées à angles droits ;

parce qu'en bonne civilisation, les rues ne sont et ne doivent être que le prolongement des grandes routes. La rue Saint-Denis est la route d'Angleterre, et le Louvre n'est que l'écu de France placé sur la route de Marseille et de Dunkerque. C'est un relai plus riche.

Je dis donc que les rues seront droites, et celles qui les couperont aussi. C'est du reste la forme la mieux assortie aux nécessités mathématiques de la vie. Les rues droites laissent couler l'eau vers le point le plus bas et en moins de temps : elles sont plus salubres. Elles sont mieux éclairées, le jour tombant d'à-plomb, ne divergeant jamais, n'étant encombré par aucun angle. La circulation de l'air suit les mêmes conditions.

Ainsi que d'avantages résultant d'un seul, d'un port à Paris !

Je ne dis pas les milliers de bornes-fontaines lavant d'une seule gorgée ces rues si bien disposées pour l'épanchement des eaux; je ne dis pas le hideux spectacle des balayeurs à peu près supprimé par cette inondation facile et salutaire, et par un pavage digne de ces nouvelles constructions.

J'aime mieux planer sur la ville toute bâtie à l'équerre; portant au plus deux étages, car les liens de communauté devenus plus personnels au milieu de ce vagabondage exotique, les scrupules de voisinage plus timides, les mesures de précaution que fera naître l'exubérance d'étrangers nécessiteront des établissemens isolés, dévolus à une seule famille. Où l'on se connaît peu, on ne s'aime pas, on se craint beaucoup. Le système égoïste de la famille prévaudra sur le système trop élastique de la société actuelle. Les mœurs rechercheront la chaste obscurité hollandaise. On vivra sous une seule clef. A quoi bon alors quatre ou six étages donnés à l'élévation d'un bâtiment? Les bâtimens seront comme à Londres d'un seul étage. La salubrité et l'aisance s'accommodent admirablement de ces compartimens qu'un carré de gazon réjouit, que deux peupliers limitent. Et bien vite l'émulation saura donner à ces demeures où l'esprit de propriété se fera mieux sentir l'uniformité la plus élégante. Elle empruntera à Gênes ces toits odorans où l'oisiveté se promène quand la nuit et la chaleur rendent les rues désertes. D'ailleurs ce niveau passé sur la ville, élève d'autant ses monumens publics. C'est donner cinquante, cent pieds d'élévation de plus à la tour Saint-Jacques-la-Boucherie et au Panthéon. Du même coup le Paris artiste monte au ciel, le Paris marchand descend au niveau de la boutique; la différence se remplit par des statues, des obélisques, des pyramides, des aiguilles, des colonnes et des mâts de vaisseau.

Ainsi tout s'attache à la Seine, comme l'Egypte au Nil. Palais, fortune, populations. Ces mille manufactures éparses dans les faubourgs, faute de savoir où fixer leur place, choisiront entre le voisinage des chemins de fer et le rapprochement vers la Seine. Pas de commerce possible aujourd'hui sans un canal ou un chemin de fer à sa porte. Peut-être la cherté des terrains dans Paris groupera-t-elle ces vastes usines aux deux extrémités contre les barrières. Toutes ces papeteries, ces chamoiseries, ces scieries, ces foulonneries, qui se disputent un maigre filet d'eau dans la ville au confluent de la Bièvre, s'établiront de là vers le bord de la Seine. Le même courant d'eau fera probablement mouvoir la roue qui tord le chanvre et le dévide en écheveaux, courir la navette qui croise le fil en tissu, rouler enfin le cylindre gravé qui charge la trame de couleurs étincelantes. La barque même attendra sur les remous du courant pour transporter ces merveilles à leur destination lointaine. D'un côté de l'usine on pourra voir le schooner du Nord débarquer son chanvre jaune, et de l'autre le chebec italien, le recevoir métamorphosé en brocart.

Il est à peu près impossible, on le sait, de suivre la race parisienne jusqu'à la quatrième génération ; les ancêtres, lorsqu'on en a, ne vont guère au delà de l'aïeul, tant la population glisse sur ce sol de boue, pour disparaître. Le Marais lui-même n'est pas exempt de cette loi : citez-moi, je vous prie, un nom patronymique qui soit en même temps affecté à telle rue et à son propriétaire? Cet écoulement rapide, qui ne laisse aucune trace, provient du peu d'amour qu'ont nécessairement pour Paris ceux qui l'habitent, occupés qu'ils sont à faire fortune, toujours avec l'arrière-pensée d'aller vivre loin de Paris, quand cette fortune sera faite, et cela, soit parce que de nouvelles combinaisons de famille les chassent vers la province, soit qu'il y ait quelque chose de naturellement doux à finir ses jours loin des lieux où l'on a si péniblement acheté ce droit de repos. Vivre dans le bruit, mourir dans le silence, c'est le propre du Parisien qui s'est arrangé un avenir. Ainsi à la lettre la population parisienne n'aime pas Paris au même degré qu'un Vénitien aime Venise, et un Espagnol Barcelone. Le mal du pays est inconnu aux Parisiens. J'en ai vu un qui, de retour après dix ans d'absence, regardait froidement la plaine de Gentilly, tandis qu'il avait les tours de Notre-Dame devant lui. J'aurais mouillé deux mouchoirs pour ces deux tours.

Cette ville démesurée est à proprement dire une auberge, un caravansérail : on ne s'y sent pas chez soi. J'en citerai une preuve décisive. Il n'est pas une de nos bourgades, hors de la banlieue j'entends, et sur le reste de notre territoire de France, qui n'ait à heure fixe sa solennité particulière, patronale ou foraine, un feu de la Saint-Jean, par exemple. Paris ne connaît pas ces joies de l'association locale. Le lien fédéral lui manque. Il ne s'attroupe que pour se faire fusiller.

C'est que Paris n'est pas peuplé que de Parisiens : c'est un amalgame de populations sans affinité ; toutes les incompatibilités de mœurs vivent à l'ombre du même toit ; l'indifférence tient lieu de sauve-garde. Plusieurs quartiers sont affectés par des catégories très-distinctes. Ici, les Piémontais et les Savoyards, badigeonneurs, commissionnaires et fumistes pour la plupart; là, les juifs d'Allemagne, entassés autour de l'arrondissement des Blancs-Manteaux; aux environs des rues de Lappe et de la Roquette, les chaudronniers de Saint-Flour, les colporteurs de ferraille à vendre ; ailleurs et comme les sauterelles d'Egypte, des gens sans pays, sans nom, sans aveu, dont la profession est de les avoir toutes, bateleurs, équilibristes, vagabonds descendus des Bohèmes; enfin des industries roulantes, les étalagistes normands, les milliers de maçons, de charpentiers qui viennent des montagnes du Limousin; les horlogers de l'Alsace et de Genève, les cordonniers et les tailleurs d'outre-Rhin, une myriade de gens desquels, je l'avoue, on peut faire une garde nationale parce que le mot ne s'oppose à rien : une cité, jamais.

Les statistiques formulent ceci plus brièvement. Paris, dans le rapport de ses habitans, ne fournit pas, proportion gardée, autant d'hommes au recrutement que les autres localités de la France.

L'indifférence native de l'indigène de Paris, étant ainsi expliquée, et expliquant à son tour les déménagemens de la population, je laisse à juger à quelle faible proportion elle sera réduite, si elle doit se composer d'autres résidans plus transitoires, telles que les populations de Marseille et de Toulon. Si aujourd'hui on rencontre à peine un véritable Parisien de race sur dix habitans, il n'est pas probable que, lorsque la population se mélangera de Hollandais, de Russes, d'Autrichiens et des gens du midi, souches bien plus empressées de se rattacher au sol natal, elle offrira même un indigène sur vingt, c'est-à-dire cent mille Parisiens sur deux millions d'habitans. Et plus la population ainsi composée augmentera, plus l'indigénat s'éteindra, et dans une proportion qu'il serait facile d'assigner, si elle ne paraissait au lecteur un jeu d'esprit : sans la pousser trop loin, je crois, dans l'hypothèse de cet article, que le Parisien existera à Paris comme le Grec à Constantinople, c'est-à-dire qu'il tiendra dans un quartier.

De ces considérations physiques, si nous passons à quelques considérations morales, nous sommes intimidés de la face extraordinaire que devra prendre Paris, livré à ce débordement d'étrangers. Car ces étrangers n'étant plus sous la surveillance de la famille, ou sous le regard de l'opinion nationale, se livreront, dans l'effervescence d'un moment de halte, à tous les excès qu'ils apporteront des quatre coins de la terre, à tous les plaisirs qu'ils trouveront chez nous. Echange ordinaire de vices qui constitue les villes maritimes en foyers de bouillonnement. Voyez Barcelone, Cadix, Marseille et beaucoup d'autres.

Et qu'on songe alors à ce que sera Paris, ce Paris déjà si décrié par les écrivains de tous les âges, depuis Félibien jusqu'à Dulaure, par l'atrabilaire Jean-Jacques, par ce bouffon et déclamateur Mercier, Paris qui compte plus de trente mille prostituées, et plus de vingt mille voleurs, année commune ; qu'on songe donc à l'accroissement que prendra ce nombre déjà si désastreux, lorsque plus de trois cent mille voyageurs, marins, commerçans, aventuriers, fondront sur la capitale ; le Russe avec son avidité de requin, le Danois avec son goût pour le vin et l'eau-de-vie, goût du reste commun à tous les peuples du nord ; l'Espagnol avec son goût pour les femmes et le jeu ; l'Italien avec sa passion pour le jeu et les femmes ; lorsque toutes ces nations pleines de rivalités se rencontreront sur le terrain neutre de l'hospitalité, qu'elles pourront mettre en commun tout ce que l'avarice a de piéges, l'ivresse de bruyant, l'amour de viols et de poisons, le jeu de fourberie et d'adresse.

Paris devra présenter alors le plus brillant échantillon de tous les vices de l'univers, au lieu d'être simplement le Paris d'aujourd'hui, corrompu, je l'avoue, mais décent ; Paris qui regorge de maisons suspectes, il est vrai, mais toutes enregistrées et soumises à la patente ; qui a des voleurs, c'est un fait, mais embrigadés par décuries et centuries ; qui a des maisons de jeu, autorisées si je ne me trompe, mais avec des fermiers à l'habit noir, à la topaze au petit doigt ; qui assassine un peu, mais enfin qui a la Morgue, où l'on vous lave, où l'on vous parfume de chlore des pieds à la tête ; qui vous enterre brutalement dans un trou, mais qui vous emboîte au préalable dans un beau corbillard, et qui vous fait accompagner par un prêtre de l'église française. Ce ne sera donc plus ce Paris pourri et doré comme ces hures de sanglier qu'on sert sur la table des riches ; voici le Paris que vous aurez : un Paris fait de

Barcelone, de Livourne, de Gênes, de Naples, de Palerme, de Cadix, de Marseille, de Lisbonne, de Dantzick, d'Amsterdam et de Constantinople. Ce qu'il y a de plus complet en civilisation. Le beau mandement pour un archevêque de Paris!

La nuit devra être un enfer pour Paris; les nuits de Paris aujourd'hui si tranquilles ! les cabarets, et il faudra en tripler, décupler le nombre, seront gorgés de buveurs qui chanteront toutes les poétiques infamies des quatre parties du monde, le punch et les têtes flamberont à des tables cernées de troubadours et de femmes lascives : il y aura beaucoup de guitares, de mandolines et de chevilles découvertes jusqu'au genou. Ces quartiers seront impraticables, et ces quartiers se composeront de toute la longueur des quais, abords naturels de la marine; de toutes les rues avoisinant le Louvre, l'Institut, enfin de toutes celles qui font lisière depuis Grenelle jusqu'à la Rapée : ceci n'est que la joie, l'ivresse est plus loin. Gardant son privilége et ses chartes, la rue Saint-Honoré et ces mille couleuvres de rues qui s'y enlacent, seront plus splendidement illuminées : le gaz ne rampera plus à quelques pieds de terre, il montera en gerbes jusqu'à la mansarde dont le soupirail est là haut : à ce fleuve de lumière, chaque étage fera sa tranchée et fécondera sa nuit :

il y aura de belles nuits, croyez-moi; moi qui a vu Barcelone aux feux du carnaval, Malaga et Gibraltar. Il y aura des nuits de damnés. A la porte de ces lupanars enflammés, on prendra des cartes d'admission et d'attente, comme aux bains les jours de fête. Dans la main chaude de la prostituée se fondra l'or de toutes les empreintes, l'argent de tous les échanges; là passera, transformé en soupers, en plaisirs, en volupté, le produit de la traite des noirs et de la pêche de la baleine : jamais la douane n'aura prélevé d'aussi beaux droits. Et puis de ces lieux enflammés on entendra rugir la jalousie aussi exigeante dans ses amours d'un quart d'heure, que dans une passion exaltée par la résistance et par la pudeur. Des femmes échevelées monteront et descendront les marches, quand elles ne les rouleront pas, la police rôdera autour de ces asiles, toujours l'épée nue et le pistolet au poing; on jetera les étrangers par les escaliers et par les croisées, ainsi que cela se pratique dans les ports de mer, et, à leur tour, les étrangers nous jetteront par dessus les ponts, passé minuit.

Et puis vous aurez les maisons de jeu et les escrocs cosmopolites : vous verrez les fortunes venues des Indes après avoir franchi tous les écueils, tous les ouragans, toutes les moussons, s'engloutir dans le tourbillon de la roulette. Poussé à cet excès, le jeu conduit au vol, le vol à l'assassinat : on assassinera en pleine nuit.

Mais quand ces haleines d'hommes se mêleront, lorsque dans cette fournaise et aux alentours, l'air se sera vicié de proche en proche, par cette propriété du mal à se changer en pire, de toute plaie à devenir gangrène et de la peste à se propager, comment désinfecter l'atmosphère? comment donner la victoire à la répression?

Nous voilà contraints de multiplier les épées, la mode en reviendra. Mais cela ne suffit pas. Vite un beffroi très-élevé pour planer sur la ville, pour crier que le feu est dedans. Organisez donc de bonne heure votre milice civile. Vous voilà sérieusement soldat et il faut l'être.

Ces têtes du tropique vous donneront de la tablature. Sur les débris de quelques jeux de cartes souillés de la cire des bougies, du vin répandu par la colère et la perte, plus d'un projet extravagant bouillonnera. L'un aura joué son vaisseau, l'autre sa mulâtresse jaune, cet autre ses lettres de crédit sur Hambourg. Chaque heure a son cri, son événement, son alerte : vous n'aviez autrefois que la *Gazette des Tribunaux*, il vous faudra la *Gazette des Événemens*.

J'entends déjà crier à l'effronterie du paradoxe,

à l'insolence de la prévision ; on atteste Londres, ville et capitale maritime.

D'abord la moitié de cette peinture est vraie pour Londres ; ensuite Londres a toujours été ce qu'elle est. Son existence n'a pas tout à coup été surprise comme le sera Paris par un événement qui sera à sa civilisation ce qu'est à la physiologie le cas rare et phénoménal d'un homme qui change subitement de peau, qui de noir devient blanc : le nom, la race, la vie qu'il avait changent. Nulle part un événement si singulier ne sera venu troubler la marche d'une si haute civilisation. Les points de comparaison manquent. Londres n'est pas devenue capitale maritime telle année, tel jour. Ainsi toute comparaison est fausse ou ne peut servir qu'à justifier l'énorme différence qu'il y a entre les deux capitales dans l'hypothèse donnée.

Rousseau a démontré avec son éloquence divine combien les mœurs mathématiques et recueillies de sa nation, seraient altérées si l'on établissait un théâtre à Genève. Et bien si quatre planches taillées en salle de spectacle, si la représentation de Mahomet (il cite, je crois, Mahomet dans sa lettre à d'Alembert) devaient produire une si profonde révolution dans la candeur et l'innocence suisse, que les Génevois seraient devenus hypocrites, libertins, enfin mauvais citoyens, par ce seul fait, que ne suis-je pas en droit de prévoir de la transformation violente d'une ville qui devient port de mer, qui triple en deux mois sa population, qui impose ses mœurs, en adopte de nouvelles, et ne laisse au paradoxe que la question de savoir si elle perdra ou si elle gagnera à cet échange! A présent parlez-moi d'un théâtre et d'une représentation de Mahomet.

Le personnel de Paris ne sera pas changé : je le sais, mais il s'augmentera. Il y vient beaucoup d'étrangers : il en arrivera bien davantage. Déroulons seulement quelques uns des motifs qui les attireront à Paris.

Un vaisseau, c'est le moins dix hommes; sur ces dix, un seul, le propriétaire, y est pour sa volonté, les autres y sont par occasion. Occasionellement ou volontairement, c'est toujours neuf hommes qui entreront dans Paris contre un qui entre aujourd'hui par les barrières. Conséquemment, s'il devra en entrer trois mille chaque jour par les barrières, trente mille descendront chaque jour par la voie maritime.

Autre motif : les distances seront incomparablement plus rapprochées. On viendra de Saint-Pétersbourg en quelques jours; de Constantinople en dix-huit : par la vapeur en dix. Je laisse à l'intelligence le soin de ramasser sous la main la géographie ainsi réduite.

N'omettez pas la facilité locomotive désormais offerte à ces classes autrefois privées du bénéfice de visiter la capitale. La médecine ordonnera Paris comme délassement, comme rappel à la santé. Paris n'était que la Médine de l'occident, elle en deviendra la Mecque.

Si l'on m'objecte que les Méridionaux ne viendront pas plus à Paris qu'ils ne vont à Londres, à Saint-Pétersbourg et à Copenhague; je répondrai que certainement ils nous visiteront dans une moins forte proportion que les Septentrionaux, mais qu'ils auront (cette distinction admise) plus de raisons pour venir à Paris qu'ils n'en ont jamais eu pour aller à Londres et ailleurs. Saint-Pétersbourg est réellement trop loin pour le midi; Copenhague sans relation étroite avec Lisbonne, Cadix et Naples; Londres a son commerce de colonies qui est presque tout pour elle; commerce que nous balancerons devenant port de mer, par le transit sur l'Allemagne et l'Europe centrale. Mais Paris, qui boit les vins d'Espagne, qui mange les oranges de Lisbonne, et se parfume de tous les parfums de l'Italie, Paris appellera tous les Méridionaux dans sa rade.

Puis, historiquement parlant, Napoléon nous a

fait le peuple le plus curieux à voir : il nous a donné la gloire et le malheur : ce qu'il y a de plus dramatique.

Personne ne croit que le luxe qu'entretient Paris contribue essentiellement à l'existence des habitans. A vrai dire, il ne s'adresse qu'aux étrangers.

Isolons un exemple, nous comprendrons mieux les autres.

Le goût du théâtre est sans contredit très-vif chez le Parisien; mais il a un caractère particulier comme le même goût chez les Anglais et les Napolitains : il serait absurde de croire que le Parisien pût fournir seul assez de passion scénique pour alimenter par sa curiosité quinze à vingt théâtres bien distincts, sinon différens; qu'il ne pût se passer de la musique italienne et de la musique française, des émotions brutales du drame moderne et des farces graveleuses des Variétés; qu'il eût également besoin pour répondre au cri de son oisiveté intelligente, du ballet et de la haute comédie, des chevaux du Cirque et des sociétaires du Théâtre-Français.

Le Parisien n'aime pas la haute comédie (puisque Dieu nous a dotés d'une haute comédie), parce qu'il ne la comprend pas; et ce qui atteste son dédain, c'est que la haute comédie n'a jamais pu exister sans les aumônes du gouvernement ; et qu'il faut annuellement tout le despotisme de la liste civile si l'on veut qu'elle se traîne jusqu'à l'année suivante. Il n'aime pas l'opéra italien, parce qu'il veut au moins comprendre une phrase ou retenir un air. Le Parisien ne soupçonne pas même l'existence des Italiens ; il ne sait pas qu'il y a un théâtre italien situé entre la rue Favart et la rue Marivaux. A quelques nuances près, il rend la même justice à l'Académie royale de musique, parce que la musique est aussi inabordable là qu'aux Italiens, et que les décors y sont cent fois moins frais, moins splendides qu'au Cirque-Olympique, vérité qu'il a le premier découverte, et dont il profite sans vanité. Autrefois il aimait l'opéra-comique, parce qu'on y parlait le chant et qu'on y chantait les paroles, mais ceci n'est plus vrai pour notre temps ; on s'est mis à chanter la musique à l'Opéra-Comique, et le peuple est alors allé au Vaudeville, où il comprend tout, et à la Gaîté, où l'on pleure beaucoup et où l'on danse quelquefois. Tout le luxe de plaisir scénique que se permet le Parisien se résume donc en trois ou quatre spectacles, dont le drame et le vaudeville sont la plus complète expression.

Ainsi l'opportunité des autres genres de spectacles ne s'explique que par le concours des étrangers, par la liste civile et une certaine fatuité nationale à ne pas les laisser dépérir.

Si cette statistique n'est pas erronée, cherchons maintenant parmi tous ces genres de spectacles celui qui prévaudra lorsque Paris renfermera dans son sein les goûts si différens, si nombreux, si opposés de tant d'étrangers.

On m'accordera sans peine que des Anglais, des Autrichiens, des Slaves seront peu portés à favoriser de leur influence le spectacle de notre comédie française, avec ses fines allusions, ses moqueries de style, ses caractères presque toujours exceptionnels, même pour nous, avec ses acteurs sans gestes, sans grimaces, réduits à la pétrification de la statue grecque dans la tragédie, et à l'immobilité princière du grand roi dans la comédie. Ils ne comprendront pas plus les discours jansénistes du Misantrope, qu'ils ne se plairont aux ridicules intimes de Picard.

Je crois que les théâtres de chant ne résisteront pas plus que notre comédie française à la nouvelle invasion. S'il y avait quelques raisons contraires à donner, tirées de la présence des Méridionaux, concurremment avec celle des peuples du nord, je crois que ces raisons seraient faibles devant les motifs qui contribueront si puissamment à faire prévaloir le ballet sur les autres genres.

Le ballet est la langue universelle. Sans doute le drame chorégraphique est borné, mais du moins là chaque spectateur est victime de la difficulté de l'art, qui cesse d'être un privilége pour les uns et une ennuyeuse énigme pour les autres; et, Français ou Samoïèdes, chacun est libre d'imaginer ce que veut dire Taglioni, lorsque son bras s'arrondit en voûte rose sur sa tête, quand sa robe s'ouvre comme une corolle odorante, et qu'un danseur aussi gracieux qu'elle la saisit par sa tige : alors la pensée la plus voluptueuse est la plus claire, la traduction la plus fidèle est celle qui s'écarte le plus du texte.

Pour moi donc ce n'est pas même un doute, le ballet doit s'élever, Paris devenant port, sur les ruines de tous les spectacles : quand je dis le ballet, je n'exclus pas le Cirque-Olympique, bien qu'on y parle : le dialogue du mimodrame ne tire pas à conséquence; on le mettra sous le hache-paille.

Qui pourrait sans un attendrissement d'artiste, réfléchir à la profonde trace que creusera dans nos mœurs l'exécution de ce projet plus royal que ceux dont l'Egypte eut l'initiative, plus populaire que ceux de Rome; car cette fois il ne périra pas?

Un Paris fabuleux monte derrière le vieux Paris croulant dans ses carrières au bruit de l'écluse qui lui apportera la mer; ce Paris qui deviendra comme Calcutta la ville des Palais.

Voyez sa rade couverte de vaisseaux et sillonnée de rameurs aux chemises rayées, aux bras nus; et leur étonnement, et le nôtre, sous le grand méridien de Paris. Voyez comme tout vient et tout s'en va. Nos enfans des faubourgs, jetés à l'eau en naissant, comme au temps de Lycurgue, et nous revenant dix ans après, avec la marée, grandis, forts, capables de battre l'Anglais! Cet homme que vous coudoyez dans la rue du Roule, était il y a dix jours à Madère, il a relâché il y en a vingt au Cap-Vert, il n'y en a pas cinquante qu'il se promenait à Sainte-Hélène; il vous parlerait du tombeau de Napoléon, s'il n'était pressé d'aller mesurer la colonne. Ceux-ci viennent de la Chine, ceux-là du Malabar; les fiacres roulent indifféremment les Malais et les Indous, et leurs malles, et leurs domestiques jaunes sur les malles, et les oiseaux verts sur les domestiques jaunes; le cocher de fiacre ouvre la portière à tous, et ne rit pas : il demande gravement le pour-boire à un Mantchou. L'adorateur des pagodes de Jagrenat et de Tripetty se perd en admiration devant les tours de Notre-Dame, les négocians de New-York et de Baltimore bourdonnent entre les colonnes de la Bourse. Accroupis sur le parapet du Pont-Neuf, des Orientaux fument en regardant couler l'eau sous les arches; et sur le pont, des marchands aux costumes bizarres, offrent aux passans des perroquets criards, des colibris rouges, des macaques impudiques de Cayenne, des singes de la Guyanne. Le tondeur de chiens sera détrôné par le marchand de macaques; les chiens le seront par les singes. Le Pont-Neuf devient le quai des Esclavons à Venise, la Canébière à Marseille, le mole à Livourne. Ce n'est qu'un cri d'animaux, un hurlement d'hommes, une Babel sur la plus grande échelle, une Babel achevée. On entendra tout sur le Pont-Neuf, depuis la voix flutée de la Parisienne, jusqu'au grognement du Lapon, depuis le gare du cocher, jusqu'au vagissement du singe.

Et plus encore : voir une goëlette à l'ancre dans la plaine de Grenelle, des mâts derrière Saint-Cloud, des voiles latines à travers les tilleuls d'Asnières; voir l'amirauté à Neuilly, le lazareth à l'île Séguin; Vaugirard presqu'île; le sous-préfet de Sceaux devenant sous-préfet maritime du jour au lendemain; voir deux amis se faisant leurs adieux de départ pour Valparaiso, au foyer de l'Opéra : dites-moi si les contes de Schérazade au sultan sont plus merveilleux, et si les nuits fabuleuses de Bagdad auront jamais égalé les réalités que Paris se prépare.

Il est donné à Paris d'offrir les exagérations de toutes les modifications qu'il subit. Paris, dans notre certitude, sera une ville à part, même au milieu des élémens de ressemblance avec Mexico, Cuba, Londres, Copenhague et Dantzick.

Paris seul pourra voir des hauteurs de Notre-Dame, une des plus vieilles cathédrales, arriver les vaisseaux de l'Inde et du Japon, et saluer de son antique bourdon le départ de ses vaisseaux pour de lointains voyages.

Jetez une seule couleur dans mille couleurs, celle-là se colorera de toutes, toutes se coloreront de celle-là. La fusion est la même pour les peuples, dès qu'il tombe au milieu d'eux une idée qui touche à tous les points de la civilisation.

Car, prodige plus grand encore que tous les prodiges ! le Parisien va sentir l'aiguillon des voyages. Le Parisien n'est indifférent que pour ce qui n'est pas à sa portée : mais allongez un chemin de fer de sa boutique à Pékin, creusez un canal qui parte de son égout pour aller à l'Océan, il s'engrenera le premier dans la rainure, il mettra le premier le pied dans la chaloupe. Le voilà parti avec sa canne sous le bras, et sa balle de quincaillerie ou de bonnets de coton pour les pays d'outre-mer. Sans doute il ne se dérangera qu'à une condition, c'est qu'il reviendra pour raconter ce qu'il aura vu : pas de locomotion possible au Parisien, s'il n'a le droit de narrer son Odyssée. Le Voyage de Paris à Saint-Cloud de *Mercier*, le Voyage à Dieppe de *Picard*, prouvent mes assertions.

Et rien ne sera plus glorieux pour le Parisien que de s'entourer d'auditeurs au café *de Foy*, ou au soleil de la petite Provence, pour exposer aux rentiers ses périls et les merveilles qu'il aura vues.

Les requins nageront dans ses récits, et les montagnes d'or l'arrêteront plus d'une fois, comme entre deux parenthèses. D'auditeur complaisant qu'il était autrefois, il deviendra exagérateur perfide. C'est la vengeance naturelle de ceux qu'on a long-temps trompés.

Mais un grand malheur naîtra de cette science orgueilleuse. Quand le Parisien saura que les Echelles du Levant ne sont pas absolument faites comme les échelles doubles des peintres en bâtiment, que la ligne équinoxiale n'est pas visible à l'œil, comme la ligne qui sépare deux colonnes du *Constitutionnel*, son journal de prédilection, que les lames de l'Océan ne sont pas à deux tranchans, il aura perdu cette aimable badauderie qui faisait pardonner la supériorité de son esprit.

Le Parisien n'écoutera plus, tandis qu'il met

aujourd'hui autant de grâce à être trompé qu'à l'emporter sur les autres par la subtilité de l'intelligence. Il aura été permis à un étranger de faire croire à un marchand de la rue Saint-Martin qu'une livre sterling est une monnaie courante et métallique; le Parisien l'aura cru, ce qui est très-risible; mais dans la soirée même un fashionable compatriote aura vengé sa facile crédulité en payant les bontés d'une actrice italienne, avec deux billets de banque au chiffre de Désirabode.

Le Parisien, et il s'en fait gloire, ne croit pas : le sentiment religieux s'est éteint en lui dans le commerce et les plaisirs. Le loisir nécessaire aux pensées supérieures, aux retours profonds sur soi-même, au désintéressement du positif, ce loisir lui manque absolument. Il ne pénètre dans les églises que quand il pleut, et s'il les traverse quand il fait beau, c'est pour abréger son chemin. Aussi Saint-Eustache ne doit d'être une des plus fréquentées églises de Paris, qu'à la favorable position de ses trois entrées principales, l'une dans la rue Montmartre, l'autre en face de la rue des Prouvaires, l'autre sur la place du Porche : plus d'un spéculateur s'est écrié, je le jurerais, à la vue de la grand'-nef de cette église « quel beau passage marchand on ferait du parvis au maître-autel ! »

Avéré incrédule, que deviendrait donc en voyageant le Parisien, si, comme dit Montaigne, les voyages poussent à l'incrédulité? Athée? non : le Parisien croit formellement en Dieu; il vous le dira si vous le pressez; s'il n'adore pas Dieu, c'est pour faire pièce aux robes noires; car il va jusqu'à se damner par dépit, et risque l'enfer en conscience.

Mais du jour où le Parisien absent de son faubourg ou bien encore dans son faubourg même, verrait dans le nord ou dans le midi qu'on peut communier, aller à la procession, recevoir et rendre le pain béni, faire baptiser ses enfans, se signer au bruit de l'angelus, sans être raillé du voisin, sans être martyrisé de plaisanteries par le loustic de son estaminet, le Parisien communierait peut-être d'abord par esprit de bonne compagnie, irait à la messe pour voir le spectacle, et se conformerait par degrés aux formes extérieures du culte, ne fût-ce que pour la splendeur qu'il aime, l'apparat où il figure, l'esprit d'imitation qui est le sien, l'envie de paraître qui le ronge, et celle de conter dont il raffolle. Cela, parce qu'au fond il n'est pas athée, comme l'Italien, mais qu'il est simplement timide de simagrées. Il n'y a qu'un point sur lequel on n'aura jamais raison de sa foi, c'est sur l'infaillibilité du pape. Le Parisien est gallican, presque janséniste. Arrangez-vous.

Notre tâche n'est pas finie, un monde entier surnage à l'horizon, quand nous ne nous attendions plus qu'à de rares îles à signaler encore dans l'océan des hypothèses.

Ainsi, après les grands cercles de l'idée que nous avons élargie, restent les cercles plus étroits, ceux qui, se rapprochant du centre, fonctionnent plus vite, sont le cœur et le pivot.

Le Paris domestique se présente comme le Paris moral et philosophique sous une face nouvelle.

Paris, ce grand tributaire de la France, qui dévore les fruits et les sucs de la province, sans donner autre chose en échange que son luxe, Paris va désormais renvoyer par ses écluses de fer tous les produits de l'étranger, dont il devient le dépositaire.

Vous que la poésie des hypothèses n'éblouit point sur le positif de la vie, voyez nos halles gastronomiques, sortant de l'ornière des comestibles nationaux pour étaler les poissons des latitudes éloignées, à côté des fruits rapportés vivans des climats les plus chauds. La dorade à la robe étincelante d'or et de pourpre, à la chair de reine, détrône le barbillon, la bosse du bison usurpe le croc du chevreuil, et l'ananas s'émancipe du vitrage aristocratique de Chevet. Au palais du gourmand, n'est-ce pas un nouveau monde qui se révèle? Chaque papille aura son complément de sensibilité, chaque fibre son extension immédiate, chaque dent sa plénitude de résistance. Il n'y aura pas une saveur, pas un acide perdu pour la bouche : il lui sera donné de goûter de tout, comme à l'esprit de tout connaître. Ce sera un pas de plus, un pas immense fait vers l'indigestion et la goutte.

Car ainsi va le monde : à côté d'un progrès, une maladie, une infirmité. Paris n'aura l'Amérique qu'au prix de la fièvre jaune; il n'aura des goyaves qu'en naturalisant la dysenterie. Mais heureusement la médecine ne restera pas en arrière des maladies nouvelles. La tisane progressera avec les gastrites. Il y a une civilisation commune pour les poisons et pour les antidotes. Aujourd'hui Mithridate ne serait pas reçu élève en pharmacie, et l'acétate de morphine nous en ferait raison.

Si chères aux organes blasés du Parisien, les fleurs ne lui arriveront plus rares, flétries et décolorées, éclose par l'excitation de la chaux ou de l'eau bouillante, sur un marché éternellement acquis aux serres de la banlieue. Les serres de

Paris vont être au Brésil, à la Guyane et à la Nouvelle-Hollande; nos vases de Sèvres se parfument de la cambare de Java et des flores lointaines des Antilles, du Coromandel et de l'archipel indien. Avec la vapeur, et les chemins de fer, et les canaux, tout est à tout. Les degrés n'ont plus vingt lieues, on met la création sous cloche.

Et sur la fleur transportée de Manille à Passy, se balancera l'oiseau sans voix de la Chine, de même que l'homme de la presqu'île indienne traînera en laisse dans nos rues le léopard tacheté. C'est une ère nouvelle pour le Jardin des Plantes qui n'offrira plus qu'une curiosité secondaire, lorsque par leur popularité et leur nombre les tigres seront au prix des chiens levriers, et les lions pour rien.

La question du luxe se résout d'elle-même : le costume des hommes sera modeste; ils auront besoin de cacher leur fortune. Celui des femmes scandaleux : elles auront plus de concupiscences à tenter. Il leur faudra parler toutes les langues et tous les idiomes de la coquetterie, jouer de l'éventail comme la Mexicaine, de l'œil comme l'Indienne, et fumer comme les demoiselles de Bogota.

Si nous descendons dans les salons, nous en trouverons la frivolité de nos jours exclue; le concours d'étrangers et de voyageurs instruits qui les peupleront les constitueront en autant de cercles savans, où les connaissances, l'observation et les langues joûteront de supériorité. Plus de privilége pour les académiciens. A l'avenir, les Chinois sauront à qui parler, et nous saurons à quoi nous en tenir sur ceux qui parlent le chinois.

Du salon à l'antichambre, nous rencontrerons la domesticité; et de l'antichambre à la rue, la mendicité cosmopolite qui nous menace.

La domesticité sera livrée au vagabondage des industries officieuses des étrangers. La fidélité classique des serviteurs picards ne sera plus de mise, quand il sera de bon goût d'avoir des laquais caffres, des valets peaux rouges, des cochers albinos et des piqueurs malais. Mais qui répondra de la probité de tels domestiques, que douze heures de vent d'est pousseront dans l'Océan avec la fortune volée de leurs maîtres? Il est vrai que les maîtres auront le même privilége contre leurs créanciers; ils iront à Lisbonne, au lieu de courir à Bruxelles : la banqueroute s'habituera au mal de mer.

Dans la rue, c'est la mendicité, je l'ai dit, qui va s'offrir, avec sa figure originale et neuve : comme à Marseille et à Gênes, elle aura ses lamentations polyglottes et dramatiques. Tous les échappés des bagnes de l'univers viendront tenter les nôtres, réputés de meilleure compagnie : Botany-Bay déposera sa carte. Alors nous aurons des capitaines naufragés qui nous tendront la main et qui rencontreront nos montres, des amiraux qui feront le mouchoir, des rois détrônés qui solliciteront un petit écu, des princesses de Babylone qui courront après leur Amazan sous les galeries du Palais-Royal, et surtout beaucoup de veuves de marins. C'est à la veuve du marin qu'il appartient de remplacer la veuve du colonel mort aux armées.

Passons sur la refonte de lois que provoquera ce vice en fermentation. Il nous faudra pour le moins le divorce, ou bien le concubinage passera en force d'habitude. Ce n'est qu'à ce prix que nous pourrons donner l'hospitalité.

Cette hospitalité ne sera pas celle des peuples primitifs qui prodiguent tout parce qu'ils n'ont rien ; leurs femmes, pour ménager leur santé aux dépens de la nôtre ; leurs filles, pour avoir du tabac et de l'eau-de-vie ; ni celle des peuples civilisés, égoïste et polie : ce sera une hospitalité à part. Nous ne donnerons rien, parce que nous aurons tout : nos femmes se passeront, comme aujourd'hui, de notre consentement dans l'exercice de leur volonté, et nous n'avons pas l'habitude de profiter de la dot de nos filles pour la troquer contre un collier de verroteries ou une barrique de rum.

Je ne vois qu'une hospitalité assurée pour les étrangers, c'est celle des prisons : celle-là, nous la leur ménagerons belle; ils peuvent compter sur nos ingénieuses précautions dans notre sollicitude pour eux. Grandes et commodes, ces prisons, si j'en crois mes pressentimens, seront encore poétisées par des dénominations distinctes. Il y aura les cachots de l'Afrique, la *Souricière* du Brésil et la *Pistole* américaine. Les étrangers se croiront dans leur patrie, aux barreaux près et aux geôliers.

Même ils nous fourniront l'occasion philantropique d'essayer sur eux les théories modernes dont M. Charles Lucas a doté le droit des gens. Nous expérimenterons en plein drap. Nous gratifierons les étrangers de la prison solitaire où l'on devient fou et enragé, et de l'enseignement par groupe qui n'enseigne rien.

Enfin, nous leur devrons un meilleur système d'hôpitaux. Après cinq siècles de disparition, grâce à eux, la lèpre sera peut-être retrouvée. Le mal des ardens pourra renaître aussi de la nouvelle combinaison qui se prépare. Tout revient par occasion, et l'occasion sera merveilleuse.

Si je néglige de parler des enfans trouvés, c'est

que j'ai peur de calomnier la génération future. La légitimité sera une exception civile, comme elle est déjà une exception politique. Il faudra un singulier orgueil de famille pour ne pas se dire bâtard.

Si nous vivions encore à ces époques providentielles où la chute des empires était annoncée dans les livres sacrés, où l'invasion, suspendue sur la tête des peuples comme un châtiment, était toujours prête à rouler sur eux, nous indiquerions la page prophétique, le point de l'horizon, qui menacerait Paris dans son avenir. Mais les Bibles ont fait leur temps, et il n'y a plus de Barbares. Que diraient les prophètes pour se faire écouter ? D'où viendraient les envahisseurs ? Les peuples barbares qui conquirent l'Europe ont été conquis par elle. Les Césars que ces peuples renversèrent à Rome, les Nicolas et les Constantin qu'ils chassèrent de Byzance, sont aujourd'hui Césars à Vienne, Constantin à Saint-Pétersbourg. Les grandes tempêtes, au lieu de détruire, fécondent, en répandant partout le germe qu'elles ont violemment arraché.

Ainsi, malgré notre envie de montrer Paris s'abîmant sous le sol épuisé de sa civilisation, croulant sous les pas de tant de peuples, comme Tyr avec ses monumens et ses vaisseaux, disparaissant sous la boue dont il fut bâti et sous l'eau qu'il appela pour le miner plus vite, nous sommes forcé de réduire au silence notre rôle d'Isaïe moderne. C'est bien assez pour nous d'avoir dit ce que sera Paris port de mer, sans prédire encore ici ce qu'il deviendra après avoir acquis ce monstrueux développement.

Cependant il nous est bien glorieux, au moment de clore cet article, d'apprendre que nos prévisions n'auront pas du moins été toutes erronées. Ce n'est pas que nous ayons aperçu à l'horizon une voile déployée, un vaisseau criant : Terre ! à l'aspect de la machine à vapeur de Chaillot; mais c'est que déjà l'influence maritime pénètre dans les pores de la capitale, que l'industrie la subit, et que l'or des capitalistes roule sur le tapis des opérations conjecturales. Précurseur des fortunes qui vont se bâtir sur le terrain des entreprises à naître, un monument s'élève déjà qui en sera la première pierre. Ce monument ne sera pas une nouvelle Bourse agrandie par l'affluence de l'univers commerçant, ni une église dédiée à la sainte patronne que se donnera le marin parisien, ni une tour protectrice de la prochaine rade, ni un lazaret pour repousser la peste ou pour l'emprisonner. Admirez la profonde intelligence qui préside à l'esprit fondateur des Parisiens! ce monument sera un THÉATRE NAUTIQUE.

Un théâtre! toute civilisation française commence par là.

Eh bien! que ce théâtre s'ouvre, que l'eau, déployant sa nappe au milieu du parterre du cirque Ventadour, vienne battre les premières galeries, et couvre d'écume les spectateurs. Nous avons les jeux scéniques d'Athènes, les chevaux de Mégare, il nous faut les Naumachies romaines. Ouvrez l'écluse aux trirèmes, ouvrez-la au vaisseau monté par Bisson, au vaisseau triste et délâbré qui jeta Napoléon sur une île, au vaisseau plus triste encore qui remorqua la grande monarchie des Bourbons de Cherbourg à Calais. L'eau n'a pas de formes, elle les a toutes; vous ferez avec cette eau des batailles navales, des voyages aux pôles, des pêches au clair de la lune, des phares étincelans, des îles : Venise, Caprée; des fleuves : l'Amazone, le Missouri; ceci est bien plus grand, bien plus vaste, que ces exercices de chevaux que je faisais valoir tout à l'heure. Aux peuples qui nous visiteront, nous rendrons, à la faveur d'un art dont leur or entretiendra les merveilles, et leur pays, et leurs rives natales, et la couleur de leurs eaux, de leur ciel, leurs jeux et leur patrie.

Mais n'est-il pas à craindre que les Parisiens,

après avoir connu la mer et ses tempêtes au *théâtre Ventadour*, ne la revoient jamais ailleurs, pas même à Paris?

Il serait dur d'accepter le canal de l'Ourcq en échange de l'Océan.

C'est le canal de l'Ourcq qui doit alimenter le bassin du futur THÉATRE NAUTIQUE.

Léon Gozlan.

LES GRISETTES.

Il y en a de jolies, de drôles, de piquantes, d'étourdies, de sentimentales, d'honnêtes, de sages même. Et pourquoi pas. Molière dit : Où la vertu va-t-elle se nicher ! Mais il faut bien qu'elle se réfugie quelque part : elle est moins rare dans les mansardes que dans les boudoirs. Quand on n'a que cela pour tout trésor, on tient à le conserver.

Depuis le progrès des lumières, depuis que nous avons l'enseignement mutuel, enfin depuis que les plus pauvres ouvrières se gênent pour donner de l'éducation à leurs enfans, nous avons beaucoup moins de grisettes *proprement dites* que Paris n'en comptait autrefois.

La fille d'un portier ou d'une portière va en pension; on lui donne des maîtres d'agrémens. Elle se sent ou croit se sentir des dispositions pour le théâtre, elle parvient à entrer au Conservatoire; sans avoir de talent, si elle est gentille, elle trouvera un monsieur qui la protégera, la mettra chez elle, lui donnera des chapeaux. Elle eût été une franche grisette, peut-être; au lieu de cela, elle se donne de grands airs qui ne lui vont pas, et des parures qui lui vont mal. Il n'y a rien de pis dans le monde qu'une position équivoque; abordez la question, que près de vous l'on sache à quoi s'en tenir. Si vous êtes femme entretenue, tâchez de vous faire donner un carrosse, des diamans, on vous blâmera moins si vous faites fortune; si vous ne cherchez que le plaisir, restez grisette, vous serez moins gênée dans vos allures, moins raide dans votre corset, moins prétentieuse dans vos discours. Vous ne craindrez pas de vous compromettre au théâtre de la Gaîté, vous vous laisserez aller à toutes vos émotions, vous rirez ou vous pleurerez suivant que le tyran sera barbare, la princesse malheureuse ou le niais facétieux; vous lierez conversation avec le voisin, et s'il est gentil, s'il vous plaît, vous lui permettrez, pendant la durée du spectacle, d'appuyer son genou contre le vôtre, cela augmente encore les émotions que procure la pièce. Dans les entr'actes, si vous avez faim (mais vous aurez faim; une grisette a toujours envie de prendre quelque chose), vous sortirez, vous acheterez de la galette et des pommes, puis vous reviendrez manger cela au spectacle. Sentez-vous combien vous goûtez à la fois de jouissances! Vous êtes au spectacle, vous vous y mettez à votre aise, la grisette ôte son bonnet et son peigne quand ils la gênent. Vous riez ou pleurez si vous en éprouvez l'envie, vous écoutez les propos d'un jeune homme qui est déjà brûlant d'amour pour vous; il vous donne de petits coups de genoux que vous repoussez doucement, ou que vous ne repoussez pas. Enfin vous sortez à chaque entr'acte si c'est votre fantaisie, et vous mangez de la galette en écoutant ce bon M. Marty, que votre mère et vos tantes ont vu faire Gusman dans le *Pied de Mouton*. Ah! tout cela vaut bien un cachemire, une toque de plumes... Celles qui en portent ne s'amusent point comme vous!

En général, ce sont les ouvrières que l'on appelle grisettes; on peut cependant être ouvrière et ne point mériter cette qualification. Je ne reconnais plus pour une grisette l'ouvrière rangée, économe, qui, en sortant de son magasin, retourne vite chez sa mère, et qui le dimanche ne sort qu'avec ses parens. La grisette aime l'indépendance, elle a sa chambre, son *chez moi;* elle est sage, tant qu'elle n'a pas rencontré le beau ou l'aimable jeune homme que son imagination a créé; elle est honnête, tant qu'elle reste fidèle à son amant. Mais elle ne veut pas qu'on lui fasse *des traits*, car alors elle se venge, et, une fois en train, elle ne s'arrête plus.

Assez souvent, à Paris, deux grisettes logent ensemble. Une seule chambre leur suffit : il y a toujours assez de place pour leurs meubles, et on paie le loyer à deux; c'est une économie, et les grisettes ont besoin d'être économes, ne les confondons pas avec les femmes entretenues.

Si vous n'avez pas eu quelques relations avec ces demoiselles, vous n'avez pas pénétré dans leur domicile, et cependant cela vaut la peine d'être vu. Une chambre habitée par deux grisettes est un séjour curieux et piquant pour un observateur : d'abord l'ordre n'est pas, en général, une de leurs qualités habituelles. Et puis on sort de si bonne heure pour aller à son magasin, qu'on n'a guère le temps de faire son ménage, et le soir on a bien autre chose à penser !

Figurez-vous une petite chambre, ornée d'un papier à treize sous le rouleau, qui est en grande partie décollé ou déchiré, point de rideaux à la fenêtre, mais une corde tendue devant, et toujours un jupon ou une chemise qui sèche, avec accompagnement de paires de bas.

Une couchette, quelquefois un lit de sangle également sans rideaux, un traversin, rarement des oreillers, c'est du luxe; une petite table de noyer, dont le tiroir ne peut plus ni se fermer ni s'ouvrir, et où l'on fourre cependant un peigne, des couverts d'étain, une boîte de veilleuses, du papier à lettre, des plumes, du sel et du poivre, des bandes de feston, de vieux gants, des couteaux, de la pommade, des cure-dents, une brosse à souliers, des patrons de corsage, du cirage anglais et des pralines.

Quatre chaises, dont deux sont entièrement dépaillées, une autre a un pied de cassé, et la dernière manque du dos.

Quelquefois une commode, mais alors les tiroirs n'ont plus de serrures; ce n'est plus qu'un meuble de confiance. Ordinairement les deux petits tiroirs du haut sont pleins de chiffons et de croûtes de pain, il y a une robe et deux mouchoirs dans celui de dessous : les deux autres sont vides.

La cheminée est toujours l'endroit le plus garni de la chambre : dans l'âtre est la batterie de cuisine : fourneau de terre, pot à l'eau, marmite, casserole de fer-blanc, trois ou quatre assiettes ébréchées, tout cela est entassé dans un coin, près de deux tisons qu'on souffle quelquefois, mais qu'on ne consume jamais.

Sur la partie supérieure sont les ornemens. Un petit miroir qui danse dans sa bordure, deux tasses dépareillées, un chandelier, un bougeoir, des allumettes phosphoriques, avec le briquet de Fumade; enfin, les deux carafes bleues remplies de fleurs. Ceci est presque immanquable : les grisettes aiment les fleurs, elles ne tiennent pas aux plus rares; pourvu qu'elles aient de la giroflée ou du réséda, elles sont satisfaites, elles en fourrent des paquets dans leurs carafes : il faut que cela dure toute la semaine, et que cela sente bon, quand même.

Ensuite il y a deux ou trois volumes de romans et quelques pièces de théâtre qui traînent sur les chaises, le lit ou la commode; il y a une ou deux paires de savates jetées négligemment çà et là; un vieux jupon, un bonnet de nuit, un fichu, sont étalés au hasard sur les meubles; un restant de pain et de fromage orne la table, et des papillottes en papier brouillard sont éparses sur le carreau. Enfin un chat se promène au milieu de tout cela, se roulant tantôt sur les cendres, tantôt sur le lit, jouant avec un volume ou avec le morceau de fromage : on voit que c'est presque le maître du logis.

Ne croyez pas qu'une chambre si pauvrement garnie soit un triste séjour : le matin on y chante dès qu'on a les yeux ouverts. La première éveillée fait des niches à l'autre pour qu'elle ne dorme plus ; celle-ci murmure, gronde, en disant entre ses dents : « Laisse-moi donc dormir. » Mais le moyen !... On lui passe une plume sur les lèvres, on chatouille son nez avec une allumette, on chante à ses oreilles, on la pousse, on la pince, et on rit aux éclats. Il faut bien que la dormeuse s'éveille. Alors on commence à se raconter tout ce que l'on a fait la veille.

«Ernest était bien aimable hier ; il avait un col
» noir qui lui va très-bien... Es-tu comme moi?
» Je raffolle des cols noirs... ça donne quelque
» chose de mâle à un homme. — Ce que j'aime,
» moi, c'est un pantalon à sous-pieds... ça des-
» sine un cavalier qui est bien fait. J'ai signifié à
» Polyte que je voulais qu'il en eût un pour di-
» manche. — Dis donc, le commis du magasin
» en face m'a encore suivie hier, il m'a même

» parlé; il veut absolument me mener dîner, me
» mener à l'Opéra. Je ne sais pas où il me mène-
» rait si je l'écoutais. — Et tu ne l'écoutes pas ?
» — Non, certainement, ma chère, j'aime trop
» mon Ernest!... O Dieu! mon petit Ernest, que
» je t'aime! c'est du délire que j'ai pour toi... Et
» puis le commis d'en face est trop laid, il louche,
» et il se met comme un provincial... Es-tu comme
» moi? c'est la mise qui me séduit. — Moi, je
» veux que M. Polyte me mène cette semaine chez
» Franconi... Ah! ma chère, c'est mon spectacle
» favori... c'est là qu'ils ont des pantalons collans.
» — Et les chevaux donc? — Ah! ce n'est pas les
» chevaux que je regarde... Dieu! huit heures
» viennent de sonner, et nous ne sommes pas ha-
» billées... Nous allons avoir notre danse au ma-
» gasin. — Et dire cependant qu'il y a des fem-
» mes assez heureuses pour dormir jusqu'à midi
» si ça leur plaît... Ah! quand je pense à ça....
» Faut que je mette à la loterie pour devenir ri-
» che. — Ah! bah! moi, je ne suis pas ambitieuse,
» pourvu que ma robe soit sèche pour dimanche...
» Eh ben, je ne trouve plus qu'un bas à présent;
» hier au soir j'avais deux bas, cependant. —
» Tiens, c'est Moumoutte qui l'a pris pour jouer.
» — Ah! la vilaine chatte, elle prend tout, elle a
» balayé la chambre avec : c'est amusant. Hier

» c'était une collerette, aujourd'hui c'est mon
» bas... Là, voyez-vous, elle y a fait des trous avec
» ses griffes... — C'est au talon, tu fourreras ça
» dans le soulier... Qu'est-ce que nous déjeune-
» rons ce matin? Du fromage d'Italie, veux-tu?
» — Ah! ma foi, non, j'en suis lasse de ton fro-
» mage d'Italie. J'aurais bien envie de me régaler
» de chocolat... As-tu de l'argent? — J'ai encore
» quinze sous. — Nous en achèterons deux pe-
» tites tablettes à trois sous chez l'épicier... Avec
» un petit pain, on croque ça, c'est délicieux pour
» l'estomac. — Dépêchons-nous, il est tard. — Et
» notre lit qui n'est pas fait. — Ah! tant pis, nous
» le ferons ce soir. — Et la chambre n'est pas ran-
» gée. — C'est assez bien pour le chat : nous la
» ferons à fond dimanche... Je mettrai en cou-
» leurs, et tu frotteras. »

Et ces demoiselles se sauvent en fredonnant un couplet du dernier vaudeville du Gymnase (les grisettes aiment beaucoup le Gymnase), elles vont à leur magasin en marchant sur la pointe du pied, et en riant au nez des passans dont la figure leur paraît comique. Les grisettes sont essentiellement moqueuses, ce qui ne les empêche pas d'être compatissantes, généreuses; elles donneront leur déjeuner et tout ce qu'elles ont dans leur poche à une pauvre femme qui viendra leur dire qu'elle n'a pas de pain à donner à ses enfans, et pendant toute la semaine, au lieu de croquer du chocolat, elles déjeuneront avec une flûte et de l'eau ; mais elles n'en seront pas plus tristes, et surtout pas plus vaines. Ce qu'elles oublient le plus vite, c'est le bien qu'elles ont fait.

Le dimanche, c'est leur grand jour. En hiver, il faut qu'elles aillent au spectacle ; en été, qu'elles dansent. Quand elles ont un amant, il doit nécessairement les mener à quelque bal *intrà* ou *extrà muros ;* quand elles n'en ont pas, elles veulent faire des conquêtes, ne fût-ce que pour s'en amuser ou en tirer vanité avec leurs amies. Mais le plus grand bonheur que puisse éprouver une grisette, c'est de faire la conquête d'un acteur ; car, aux yeux de ces demoiselles, un acteur n'est pas un homme ordinaire, un homme comme un autre ; c'est un demi-dieu, ou plutôt c'est un dieu tout entier, et l'on excite pendant long-temps l'envie de ses compagnes, quand on a été aimée de *Jean Sbogard* ou de l'*Homme à trois visages*.

Après cela, si vous avez connu deux ou trois grisettes, vous les connaissez toutes. Il y a bien peu de nuances à établir entre celles qui vont à l'Ermitage et celles qui préfèrent la montagne de Belleville, entre les jeunes ouvrières du faubourg Saint-Denis et celles de la rue Saint-Antoine. La coquetterie et la gourmandise, voilà toujours le pivot sur lequel elles tournent. Attaquez leur vanité et leur appétit, c'est le moyen de réussir près d'elles : soyez bien mis, et bourrez-les de gâteaux, il est bien rare qu'elles résistent à un jeune homme qui a sur lui des gants glacés et des brioches.

Quelquefois vous serez aimé très-sérieusement, aimé à la fureur, vous ne pourrez plus vous débarrasser de votre grisette ; elle vendra ses effets si vous n'avez plus d'argent, elle consentira à passer le dimanche avec vous dans sa chambre quand vous ne pourrez plus la mener au spectacle. Mais de tels cas sont rares, les exceptions sont toujours à l'appui des règles. En général, les grisettes cèdent à l'impulsion du plaisir, rarement aux calculs de l'intérêt. Avec elles, un jeune et joli garçon pauvre obtiendra la préférence sur un homme riche et laid. Moi, je place les grisettes infiniment au dessus des femmes entretenues.

Ch. Paul de Kock.

LES RÉFORMATEURS
DU XIXe SIÈCLE.

SAINT-SIMONIENS ; ENFANTIN. — PHALANSTÉRIENS ; CHARLES FOURIER. — L'ABBÉ DE LAMENNAIS. — L'ABBÉ CHATEL. — NÉO-CHRISTIANISME ; M. GUSTAVE DROUINEAU. — LES TEMPLIERS.

Notre époque, à la voir de près, est tout expérimentale. Rien ne se finit aujourd'hui, mais tout s'essaie : on dirait que le monde s'agite, comme un moribond dans son grabat, sans pouvoir trouver une bonne place.

Voyez : au début du siècle, nous étions républicains : depuis, et coup sur coup, quatre transformations ont eu lieu; consulaire, impériale, légitimiste, puis cette dernière qui tient encore, et qui n'a pas de nom.

Cette longue série d'expériences politiques devait tourner les esprits vers les expériences de tout genre. Les plus folles sont celles qui lui ont manqué le moins. Nous avons eu des génies à ne savoir qu'en faire; nous avons compté les dieux par centaines, les prophètes par milliers, les apôtres par myriades. Pour agir sur des incrédulités opiniâtres, on a tout mis en œuvre, le mysticisme et la logique, la foi et la raison. Rien n'y a fait : le siècle est un grand entêté, ou un grand sot : l'un et l'autre peut-être.

Paris surtout, Paris, la ville d'engouement, qui s'attroupe si vite pour si peu; Paris, toujours béant aux choses nouvelles, est devenu un grand point de mire pour ces débitans de recettes politiques et sociales. On y a vu passer, trompette en main, haut perchés sur leur char, et ceux qui voulaient extirper les calus de nos préjugés, et ceux qui vantaient leur baume de régénération morale : ici gesticulait un orthopédiste, prêt à luxer les reins à la société pour la faire droite à sa guise; là, des vendeurs de cosmétiques qui parlaient de la rajeunir, elle, si ridée; des opérateurs à costumes divers, qui l'interpellaient, la retenaient par le collet, la violentaient pour qu'elle se fît guérir, nettoyer, purger sur leurs prescriptions et par leur ministère. Jusqu'à présent la malade s'est débattue; elle ne s'est pas trop jouée aux expériences; elle a vivoté au jour le jour, caressant ses infirmités au lieu de les combattre, craignant le remède plus que le mal.

Bien t'en a pris, société, pauvre infirme, bien t'en a pris d'avoir peur de leurs soins! Sois toujours sage ainsi; souffre, s'il le faut, mais résiste. Tu es gangrenée jusqu'à la moelle, on le sait; caduque, pulmonique, hâve, bilieuse, plaquée de fard, tu portes des haillons aux paillettes d'argent; tu as encore le désir du vice sans en avoir la puissance; tu mourras quelque jour, méchante vieille, d'atonie, au coin de la borne, aux imprécations de la terre, parce que tu fus égoïste; avec la damnation du ciel, parce que tu fus athée : eh bien! n'importe! jusque là sois fière, jouis comme tu peux jouir, agite-toi beaucoup pour faire voir que tu vis, pour faire croire que tu chemines; crampone-toi au dada routinier; fais-toi un rempart des mauvais penchans que tu sers, des petits intérêts que tu privilégies; et si quelque champion se présente de nouveau qui t'injurie en face, qui te jette un gant au visage, redresse-toi, tiens-toi pour forte de sa faiblesse, et à son défi réponds par un défi : « Je suis hideuse, mais trouvez mieux. ».

Personne ne fait plus que moi profession d'estimer les hommes qui s'occupent de questions sociales. A mon sens, ils sont plus dans le vrai que nous autres, théoriciens politiques, si habitués à ferrailler dans le vide, à nous passionner pour des incidens sans valeur, pour des choses de pure forme. Sans doute il y a quelqu'attrait dans cette polémique de tous les jours, visée d'ambition pour les uns, objet de sympathie pour les autres ; on s'y sent poussé malgré soi, acteurs ou témoins, comme vers un champ clos où la lutte est belle et la prime du combat éclatante ; mais plus on marchera dans le siècle, plus on sentira la vanité de notre grande bataille de mots ; plus on reconnaîtra que la théorie politique est un syllogisme sans conséquence, tant que l'humanité n'aura pas trouvé sa nouvelle formule sociale.

Place donc à qui rêve un monde moins barbare, moins heurté, moins injuste, moins irrationnel que le nôtre ! à qui cherche un point d'appui et un levier pour soulever notre vieil univers, place !

nous avons vu d'absurdes, de ridicules novateurs; mais, croyez-moi, il faut encore de la force pour être absurde, de la puissance pour être ridicule comme eux. Payés par les huées de la foule, ou par les sarcasmes des beaux-esprits, n'ayant en perspective que l'indifférence ou la haine, la prison parfois, la misère presque toujours, ils marchent pourtant avec une certaine foi dans leurs idées; ils persistent, ils parlent, ils écrivent, ils pratiquent, ils évangélisent. Qui nous dit, à nous, profanes, qui ne savons au juste s'il nous reste encore une croyance, que ces hommes sont des fous qui se font un culte quand tous les cultes s'en vont; qui, méconnus et sans mandat, se portent forts pour le peuple, divinisent son bien-être, et se font les apôtres de ses besoins? Quand ils disent : « Il est des mortels qui ont faim, qui ont froid, » qui sont sans abri; qu'on nous écoute, et ils au- » ront du pain, des habits et des logemens. Ce que » nous leur donnerons, nous ne l'ôterons point à » d'autres; » on peut leur demander la preuve de leurs dires, discuter les moyens, combattre l'erreur par la raison, la folie par le ridicule; mais les emprisonner est odieux, les lapider est infâme!

Les plus célèbres parmi nos prédicans modernes, ceux qui m'appartiennent avant tous les autres, comme ayant fait acte de vie extérieure sur notre pavé de Paris, ce sont les Saint-Simoniens, disciples de Saint-Simon l'énonomiste, ses continuateurs et ses commentateurs. On sait la vie du maître, mort insolvable, il y a une dizaine d'années; on connaît son *Catéchisme industriel*, sa *Parabole*, ses opuscules financiers, et ses théories de réforme, si semblables aux esssais avortés de Robert Owen.

Cet homme, que peu avaient estimé de son vivant, ce novateur, lu et compris par quelques initiés au plus; ses cendres étaient froides à peine qu'on s'avisa d'en faire un dieu. MM. Enfantin et Bazar, puis MM. Enfantin et Rodrigues, et après eux M. Enfantin resté seul maître, inaugurèrent son culte dans la salle Taitbout, et le promenèrent ensuite de la rue Monsigny à Ménil-Montant. La vogue s'en mêlant, la religion nouvelle compta bientôt de jeunes et brillans adeptes. Auprès des pères et presque leurs égaux, se groupaient alors MM. Michel Chevalier, Barrault, Fournel, Pereire, Flachat, Duguet, Rigaud, Duveyrier, Buchez, Leroux, Carnot, Ménétrier et une foule d'autres, dont les noms m'échappent; rayonnant état-major, auquel ne manquait ni l'éclat du talent, ni l'enthousiasme de la science!

C'étaient alors de beaux jours. M. Barrault soufflait dans le public sa parole chaude et poétique; M. Rodrigues essayait ses théories financières; M. Enfantin n'avait pas encore la prétention de tout faire par le regard. On avait organisé des prédications dominicales, avec accompagnement de petits drames et de conversions publiques; mademoiselle Julie Fanfernaut s'y révélait comme une illuminée; l'audience éclatait en sanglots périodiques, et chaque lundi, *le Globe*, journal de la religion, recueillait une à une toutes ses larmes. On faisait des appels à toute chose; à l'homme et à la femme; à l'argent, aux biens meubles et immeubles; on parlait aux instincts bons ou mauvais; on improvisait des concerts; on faisait danser les profanes; on agissait sur les convictions par les ressources de l'éloquence, sur les sens par la magie des séductions.

Alors il y eut peu de dissidences. La communauté de la rue Monsigny vivait largement et dans un luxe fraternel : elle tint ses premiers chapitres sans schisme ni scandale. Les articles canoniques de la religion, les sacramentelles épigraphes du *Globe*, la hiérarchie des pouvoirs, l'omnipotence du père, grand jaugeur des capacités, héritier universel et distributeur suprême des fortunes; les conditions du nouvel ordre social, l'abolition de l'hérédité et du mariage; l'organisation industrielle, et l'association générale des travailleurs, tout cela soufflé d'en haut, reçu et acclamé en bas, avait acquis force de loi, et se trouvait hors de la controverse. Il restait peu de chose debout de notre vieux monde, on le voit!

La femme restait pourtant, absente de cette grande néocratie, inorganisée, laissée en demeure; la femme, la moitié de la création, qui en perdit tant d'autres depuis Adam, et qui devait perdre le Saint-Simonisme. Quelque peine qu'y prît M. Enfantin, il ne put pas la tirer de sa côte : il essaya bien, le père! mais ce qui naquit de lui fut quelque chose de si monstrueux, de si antipathique à nos préjugés, que le vieil homme se réveilla dans l'âme de ses fils, au point de les faire douter du maître.

De la défiance les querelles, des querelles le schisme, du schisme la rupture. Elle fut éclatante et funeste. Le demi-pape, M. Bazar, puis le chef du chapitre, M. Rodrigues, se détachèrent tour à tour, et avec eux les plus éclairés, les plus forts, les plus influens parmi les pères. MM. Carnot et Leroux achetèrent la *Revue encyclopédique*, et lui donnèrent cette impulsion savante et hardie qui l'a caractérisée depuis; M. Buchez jeta dans *l'Européen* ses larges idées sociales; M. Pereire porta au *National* sa science de chiffres et de hauts aperçus économiques; d'autres enfin se rallièrent aux phalanstériens, ou rentrèrent dans le monde avec l'intention d'y prêcher encore la partie applicable de la doctrine nouvelle.

Enfantin survivait seul, absolu comme un monarque d'Orient; il résumait en lui les bonnes comme les mauvaises pensées de la foi saint-simonienne. L'adversité le trouva calme et stoïque; les fonds baissaient, *le Globe* allait se mourant; le gouvernement faisait évacuer la salle Taitbout à l'aide des bayonnettes municipales; il citait le père en police correctionnelle et devant la Cour d'assises. Tout se conjurait à la fois; il fallut aviser.

A Ménil-Montant, au point culminant de la côte, M. Enfantin avait une propriété patrimoniale, une vaste maison, avec jardin d'un demi-arpent. Belleville à droite, le Père Lachaise à gauche, et Paris rampant aux pieds. Quel site pour un monastère! Là on pouvait s'inspirer dans la solitude, oublier les tracas du monde, attendre la venue de la femme, essayer en petit l'association contemplative et partielle, jusqu'à ce que l'heure eût sonné de l'association universelle et laborieuse. Ainsi pensa le père, il parla; et toute la famille accourut se recueillir dans cette retraite.

Ce fut alors pour le saint-simonisme une phase nouvelle. Quarante adeptes se cloîtrèrent dans cet étroit jardin, sous les yeux et l'aile du père : ils firent l'étrange vœu de chasteté, se soumirent à la règle et prirent le costume : justaucorps bleu à courtes basques, ceinture de cuir verni, casquette rouge, pantalon de coutil blanc ou de drap garance, sautoir de fantaisie autour du cou. Le reste de la toilette était à l'avenant; cheveux à l'inspiré, rejetés et lissés en arrière, moustache et barbe à l'orientale.

Dès ce moment la communauté eut ses fournisseurs avec brevet, cordonnier, boucher, boulanger, blanchisseur, et l'on put même lire sur une enseigne du boulevart des Capucines : *Auguste Chindé, tailleur saint-simonien.* Peu à peu aussi tout s'organisa dans l'enceinte claustrale de Ménil-Montant : les nouveaux moraves bouleversaient leurs quelques toises de terrain, creusaient, bêchaient, sablaient, taillaient, émondaient, nivelaient, arrosaient, tout cela dans la forme voulue par la religion, et en reliant leurs forces. Nul mercenaire n'était admis aux travaux : la communauté se servait elle-même : un ingénieur des ponts-etchaussées cirait les bottes des frères ; un banquier écumait le pot au feu, un vaudevilliste épluchait les légumes, un romancier faisait les dortoirs ; le soin des espaliers était échu à un avocat, et un médecin présidait à la lingerie.

Les historiographes de la religion nous doivent le journal détaillé de cette retraite de six mois. Il sera curieux d'y lire les milliers d'épisodes qui la signalèrent ; ici la force armée s'interposant entre les reclus et le public curieux, les sergens de ville procédant à des visites inquisitoriales, le piquet de fantassin de la ligne repoussant la foule, et sourd aux harangues des pères ; là les synodes en plein air ; les controverses publiques, où l'incrédule visiteur prenait à partie l'un des prédicans, controverses résumées parfois en injures ou en coups de pierre ; puis les sympathies édifiantes des femmes et des filles qui disaient : « Oh ! les jolis hommes ! » les assiduités d'autres catéchumènes, devenues saint-simoniennes par le cœur ; enfin ces flots de peuple, accourant là comme à un spectacle, indifférent à la parole des pères, mais touché de leur accueil hospitalier et gratuit ; s'amusant comme au carré Marigny devant les Acrobates, digérant à l'air vif de la colline la suspecte gibelotte de Desnoyer, inspectant les allées, s'asseyant sur les tertres, à l'aise comme chez lui, et reprenant le chemin de la ville sans se douter que les hôtes du logis pussent avoir quelque chose à lui dire. Il fallait le voir surtout, ce bon peuple des barrières, quand Barrault ou Michel Chevalier lui jetaient en pâture toute la substance, toute l'onction de leur dialectique : quelle attention ! quel silence ! mais aussi quelle impassibilité ! Cette foule, si intelligente d'habitude, semblait écouter ces mots français comme elle eût écouté du mantchou, par politesse, et sans y rien comprendre ; et, il faut le dire, nous en étions tous là, nous qui avions lu *le Globe* et *l'Organisateur;* nous en étions là comme les Saints Simoniens eux-mêmes, comme le haut chapitre de Ménil-Montant, y compris M. Enfantin.

Le coup portait plus à faux encore, lorsqu'à l'heure du dîner, le réfectoire s'ouvrait pour le grand tableau, laissant voir par toutes ses croisées le père et ses fils groupés à table, tandis que les choristes de la communauté entonnaient, comme un *Benedicite*, l'hymne du frère David :

> Soldats, ouvriers, bourgeois,
> Aimez-nous, aimez notre père ;

appel touchant, harmonieux, et d'un bel ensemble ; mais dont tous et chacun, bourgeois, ouvriers, soldats, paraissaient, à vrai dire, fort médiocrement touchés.

Telle était la vie claustrale, singulière et pourtant monotone dans sa singularité. Un jour vint, un seul, de diversion éclatante. On allait juger le père; les assises demandaient leur proie, et toute la communauté se roula comme une avalanche, entre deux haies de profanes, de Ménil-Montant au Palais-de-Justice. Jamais le visage calme du chef saint-simonien n'avait été plus radieux; jamais ses enfans plus dociles, plus composés, plus graves. Oh! ce fut une audience inouïe dans les fastes judiciaires! tous s'en souviennent. M. Enfantin se recueillant, silencieux, pour essayer sur ce tribunal la puissance de son regard! la puissance du regard sur des juges, bon Dieu! sur des jurés dont deux étaient myopes, trois chassieux, et cinq cuirassés de lunettes, qui leur coloraient le père en vert ou en bleu! Pauvre Enfantin! heureusement que le fils Moïse Retouret se trouvait là pour le consoler avec sa naïve exubérance de foi de toutes ces incrédulités mondaines!

De ce jour d'abomination data une dernière période de décadence. La disette frappa aux portes de la communauté; il fallut réduire le personnel, et retrancher sur l'ordinaire. On en vint aux expédiens; des missions partirent pour Marseille,

Toulouse, Rouen et Lyon. On ne dédaigna plus de gagner sa vie; quelques frères circulèrent dans les rues, portant des malles sur leurs crochets; d'autres s'offrirent pour les vendanges de la côte, ne demandant que leur part à la gamelle du journalier; ceux-ci se firent *canuts* avec les Lyonnais; ceux-là tisserands avec les ouvriers de la Normandie. Par mesure d'économie, souvent alors, à l'heure du dîner, toute la confrérie débordait sur les guinguettes voisines, et se régalait chez la mère Popinel de haricot de mouton et de vin à six, jusqu'à la concurrence de quinze sous par tête.

Le père seul tint son rang jusqu'au bout; il ne dérogea point à sa dignité alimentaire; et quand l'huissier de M. Persil vint le tirer par sa basque, il se tourna vers ses fils, et leur jeta un long regard qui semblait dire, parodiant le mot de Kosziuszko : *Finis ecclesiæ*.

Et de fait l'Église saint-simonienne était morte. A Paris, l'indifférence l'avait tuée : la persécution ne la relèvera pas ailleurs; quand même, lapidée à Constantinople, elle irait se faire crucifier à Jérusalem, dans la personne de M. Cognat, ou enterrer aux sables de Suez dans la personne de M. Enfantin.

A un autre, maintenant. C'est M. Charles Fourier, réformateur moins connu de la foule, moins tumultueux; mais plus étrange, peut-être, plus hardi, plus pratique.

Il faut que j'avoue mon faible : j'aime M. Charles Fourier. Un de ses livres, la *Théorie des mouvemens et des destinées générales*, pensé, écrit en 1808, m'a paru et me paraît encore la conception la plus étonnante qui puisse sortir d'un cerveau humain. C'est bizarre, mais c'est beau ; c'est absurde, peut-être, mais c'est prodigieux. Dans un siècle où l'on joûte à la poésie de style, voici un poëte d'idées qui trouve des merveilles dans son imagination, qui vous refait un monde physique et moral, qui modifie les saisons, améliore la climature, tourne vers le bien ce que vous appelez de mauvais instincts, utilise la gourmandise, la paresse, la luxure, l'orgueil. Voyez-le, cet homme, ce simple commis marchand qui se nourrit de science et d'histoire à ses heures perdues, avec la volonté et la puissance de prouver que la science est fausse et l'histoire mal comprise ; voyez ce Théosophe qui a deviné Dieu et ses décrets providentiels ; qui prophétise avec la logique, et ne veut pas que notre nature se mente à elle-même ; voyez-le dressant le programme des créations futures ; voyez ! Chef du grand atelier sociétaire, il fait aller ses populations au travail avec des guirlandes de fleurs, des chants et des danses; il intronise l'agriculture, source-mère de tout produit; il pousse les mortels à l'œuvre par l'attraction passionnelle; il crée les courtes séances, l'option sur les travaux, les communications couvertes, les réunions joyeuses et libres, la culture sous dais mobiles, la garantie de bonne chère pour les plus pauvres; astronome, il scrute les profondeurs du firmament, commente le jeu des planètes, et applique la grande théorie des corps célestes à notre globe sublunaire; puis, débordé par ses rêves, bercé de poétiques folies, il bouleverse la terre, improvise une couronne boréale, parle d'un vice-soleil et de deux, trois, quatre lunes, renouvelle les trois règnes, ouvre des montagnes, creuse des mers, et fait croître des orangers au Groënland; législateur, il tient compte de nos vieilles croyances, et s'accommode de l'hérédité; mais il associe les hommes par groupes, sectes et phalanges, distingue et reconnaît trois bases à la production, le *capital*, le *travail* et le *talent*; il remplace le mariage par le ménage progressif et les corporations amoureuses; il formule enfin son code industriel et manufacturier. Et ce n'est rien encore que cet ensemble, rien auprès des détails! Pour juger M. Fourier il faut lire ces

pages, ces chapitres entiers de sublime raison ;
mais que de folies, que de folies ! Ecoutez.

Le monde aura quatre phases et trente-deux
périodes, en tout quatre-vingt mille ans, dont
quarante mille de vibration ascendante, et quarante mille de vibration descendante. Quand on
sera à la deuxième phase ou neuvième période,
les hommes auront exploité le globe jusqu'au 60°
nord, et alors naîtra la couronne boréale, anneau
lumineux et fécond qui fera du Kamtschatka
une seconde Andalousie. Ceux qui vivront alors
dans ces latitudes auront des vins de Norwége
comparables au meilleur Madère.

« L'effet de cette couronne, dit M. Charles
» Fourier, sera de changer la saveur des mers;
» elle décomposera ou précipitera les particules
» bitumineuses par l'expansion d'un acide citri-
» que boréal. Ce fluide, combiné avec le sel,
» donnera à l'eau de mer le goût d'une sorte de
» limonade, que nous nommons *aigresel*. Alors
» cette eau pourra être ramenée à l'état d'eau
» douce, ce qui dispensera d'approvisionner les
» navires de tonnes d'eau. Cette décomposition
» de l'eau par le fluide boréal est un des préli-
» minaires indispensables aux nouvelles créations
» marines ; elles donneront une foule de servi-
» teurs amphibies pour le trait des vaisseaux et

» le service des pêcheries, en remplacement des
» horribles légions de monstres marins, qui se-
» ront anéanties par l'immersion du fluide boréal,
» et la décomposition qu'il opérera dans les mers.
» Un trépas subit purgera l'Océan de ces infâmes
» créatures, etc., etc. »

Pauvres baleines !

Vous allez croire, peut-être, que par suite de cette grande opération chimique l'on perdra la raie, la sole, le merlan, la dorade, le thon, le hareng, la morue, etc., etc.; du tout, du tout! M. Fourier vous garde des lacs où les races utiles seront déposées, comme autrefois les animaux dans l'arche; on les y tiendra en sauvetage jusqu'à ce que l'Océan soit passé aux grands remèdes.

Dans cette ère de splendeur et d'harmonie, quand les sectes ascendantes auront tiré de notre planète tout ce qui peut en sortir, vous verrez de merveilleuses choses, vous qui vivrez ! « Chaque
» femme aura un époux, dont elle a deux enfans,
» un géniteur dont elle n'a qu'un enfant; un fa-
» vori qui a vécu avec elle et en a conservé le titre;
» plus de simples possesseurs qui ne sont rien de-
» vant la loi. »

Eh bien ! Mesdames.

Après l'amour, le travail : le travail est divisé par sectes. « La secte forme divers groupes, dont

» l'ordonnance est la même que celle d'une ar-
» mée. Supposons une masse d'environ six cents
» personnes, moitié hommes et moitié femmes,
» tous passionnés pour une culture de fleurs ou
» de fruits. Soit la secte de la culture des poi-
» riers : on divisera ces six cents personnes en
» groupes, qui se voueront à cultiver une ou
» deux espèces de poiriers. Ainsi, l'on verra un
» groupe des sectaires du beurré, un des sectai-
» res de la bergamotte, un des sectaires du rous-
» selet, etc. »

Passons : avec la couronne boréale, la mer en limonade, et les phalanges qui courent au travail en dansant; avec les géniteurs, les génitrices et les corporations amoureuses, surtout avec les sectes du rousselet et de la bergamotte, il est impossible que la terre ne s'amende pas à l'instar de l'humanité, et qu'elle n'arrive pas à une végétation phénoménale. C'est de rigueur : on aura des potirons monstrueux et très-sucrés, des pommes de terre grosses comme des melons. Il le faut bien, ma foi! car les hommes vivront alors cent quarante-quatre ans, atteindront la taille de sept pieds, ce qui implique un poids d'environ trois cents livres, et mangeront par jour le douzième de leur poids, soit : vingt-cinq livres. Vous comprenez donc que si par malheur la terre, notre nourrice à tous, restait en arrière avec ces gaillards-là, ils se dévoreraient les uns les autres.

Et pour être voraces à ce point, ils n'en seront pas moins délicats et gourmets; ils auront des sectes de rôtisseurs, de cuisiniers, de volaillières, et, primant sur le tout, des sectes de dégustateurs.

« Les mets de troisième classe, pis-aller du
» peuple, surpasseront en délicatesse ceux qui
» font à présent les délices de nos gastronomes.
» Quant à la variété des mets qui régnera aux ta-
» bles du peuple, on ne peut pas l'estimer à moins
» de trente à quarante plats par jour, renouvelés
» par tiers avec une douzaine de boissons diffé-
» rentes et variées à chaque repas. » Et les enfans ! savez-vous pourquoi ils aiment tant les douceurs ? c'est que Dieu leur donne une attraction passionnée pour le genre de nourriture qu'il leur réserve dans le nouvel ordre; car « une confiture fine,
» une crème en compote à demi-dose de sucre, ou
» demi-dose de fruits ou laitage, sera bien moins
» coûteuse que le pain, et par économie on pro-
» diguera aux enfans pauvres les crèmes et confi-
» tures assorties. »

Ainsi chargées de mets succulens, les tables de l'ordre combiné se couronneront de joyeux convives, elles s'émailleront de femmes jeunes et

belles. Là point de loi d'exclusion, point de triage, point de bégueules catégories ; non, un beau pêle-mêle, un délicieux amalgame. « A côté de la bac-
» chante qui exerce la vertu de fraternité, et qui
» se voue aux plaisirs de tout le genre humain,
» on trouvera des vestales et des jouvencelles d'une
» fidélité éprouvée. »

Ce serait trop long de vous raconter la politique galante pour la levée des armées, les corps industriels où chacun a son rang et son nom suivant son âge et ses goûts; les fêtes somptueuses où paradent les vestals et les vestales, les damoiseaux et les damoiselles, les bacchans et les bacchantes, fêtes fort peu canoniques auxquelles préside la haute matrone; je vous tais encore la conquête du grand désert de Sahara, qui deviendra navigable, les victoires de l'armée des travailleurs sur les isthmes de Panama et de Suez; enfin j'insiste peu sur l'animal symbolique, le hiéroglyphe de l'ordre combiné, l'ANTI-GIRAFE, créature à naître, mais devinée et nommée d'avance par son précurseur, M. Charles Fourier.

Tout cela, vous le lirez dans son merveilleux *in-octavo*, car il faut que vous le lisiez. Ce que vous n'y trouverez pas, le voici : C'est le mot sacramentel, c'est l'énigme du tabernacle, et que je ne tiens, à vous l'avouer, que de quatrième main;

c'est ce que le prophète n'a pas osé imprimer, lui qui a osé tant. « Savez-vous, dit-il aux intimes, » savez-vous que dans deux cents ans tous les » hommes auront une queue? » Malédiction! et dire que l'on est venu au monde en dix-huit cents pour vivre et pour mourir écourté!

Respirons! car on a quelque peine à quitter ce monde fantastique pour le monde réel. Eh bien! est-ce assez de folies? Et qui croira maintenant, sous cette impression, que cet homme est souvent un grand sage, avec des paroles sérieuses; un écrivain de bonne foi, connaissant notre société comme peu la connaissent, la critiquant comme personne ne l'a critiquée; un physiologiste et un observateur; bon statisticien, quoique pitoyable économiste, prouvant avec des chiffres tout ce qui se gaspille de forces sociales par suite de notre vicieuse organisation.

Depuis ce livre, relégué long-temps auprès des farfadets de feu Berbiguier de Terreneuve du Thym, M. Fourier n'a redonné signe de vie que vers 1830. Sous son influence, le *Phalanstère* s'est créé, journal où le maître et les disciples ont prêché la partie raisonnable du système de 1808. Les idées fantastiques ont disparu; il ne s'agit plus que d'organiser une grande phalange agricole, où les bénéfices se quadruplent par le fait de l'association des forces en talent, travail et capital. Réduite à ce point de vue, la doctrine de M. Fourier a plus de valeur pratique, plus de chances d'avenir qu'aucune autre. Aussi compte-t-on déjà une foule d'hommes d'influence et de talent qui se sont ralliés à lui. M. Baudet-Dulary entre autres, député et propriétaire, vient de faire un essai de colonisation agricole à Condé-sur-Vègre, d'après les idées et sur les plans de M. Fourier. Attendons.

Après les colosses, les nains; car je ne vois pas même un génie de taille moyenne dans ce M. de Lamennais qu'on a tant exhaussé. Certes, il y a de la pensée dans la belle et grave figure que Guérin a si bien rendue, de la profondeur dans ces traits ascétiques et fins, dans ces joues creuses, dans ce front découvert, dans ces yeux intelligens et austères; il y a quelque puissance dans ce style tout empreint de verve religieuse. Mais où cela tend-il? Où veut en venir ce puritain du catholicisme, ce quaker de l'omnipotence papale, cet émancipateur du libre arbitre dévot, quand il demande d'appliquer aux choses du culte le *lais-*

ser faire, laisser passer des économistes? Pourquoi plaider à la fois deux thèses qui semblent s'exclure, celle de l'autorité en haut, et celle de la liberté en bas? Pourquoi s'inscrire en faux contre la déclaration du clergé français au dix-septième siècle, et contre le concordat du dix-neuvième? Y a-t-il dans tout cela un but assez nettement indiqué, une doctrine assez précise, qu'on puisse classer cet homme et lui donner un nom? Est-ce un orthodoxe? est-ce un schismatique? Un moment on a pu croire au schisme quand le saint-père décocha l'un de ses foudres contre le journal *l'Avenir*, où M. de Lamennais plaidait ses idées; mais quand on vit ensuite l'apôtre de la liberté religieuse s'agenouiller au premier froncement de sourcil, faire humblement le pèlerinage de Rome pour désarmer la sévérité pontificale, prier longtemps, supplier et se résigner ensuite, partir sans avoir rien obtenu, pour vivre dans l'isolement et le silence, on comprit qu'il n'y avait pas dans le prêtre écrivain l'étoffe d'un réformateur, et que sa portée était tout au plus celle d'un controversiste de conciles.

M. l'abbé Châtel est moins que cela, mille fois moins encore. A lui l'audace n'a point manqué; il a rompu cavalièrement avec le pontife romain, il a ouvert boutique sur le pavé de Paris, malgré notre archevêque; il a exploité son commerce de messes, de baptêmes et d'enterremens sans contrôle ni patente; il s'est posé premier primat des Gaules, il a béni, ordiné, purifié, canonisé; il eût sacré un roi s'il en eût trouvé sur sa route d'assez stupides pour le souffrir! il l'eût sacré en français, oint en français, baisé en français, le monarque eût-il été Chinois, Samoïède, Otahitien ou Charrua!

Encore lui sait-on quelques travaux: un service funèbre pour un héros polonais, des offices dans la rue de la Sourdière et dans les églises métropolitaines, rue du faubourg Saint-Martin et rue Saint-Honoré (cette dernière morte hier d'inanition); il a fait plus encore, il a payé six termes échus de ses temples; il a possédé un joli matériel de chaises, de bancs, d'autels, de chandeliers, de cierges, d'étoles, d'aubes, de chasubles, de dalmatiques; deux ou trois saints sacremens, trois ciboires et quatre calices en plaqué; il a compté huit succursales, Sèvres, Clichy, etc.; enfin il a lancé dans le schisme un disciple plus fort que lui, M. l'abbé Auzou, qui, né à peine, a renié son maître.

Tout cela c'est peu; mais c'est quelque chose; c'est plus que M. Gustave Drouineau. Si vous saviez quel mal j'ai pris à chercher de Montmartre à Montrouge, de l'arc de l'Etoile à la barrière du Trône un néochrétien, si chétif, si petit qu'il fût. J'ai tout vu, croyez-moi, tout fouillé ; j'ai poussé le scrupule jusqu'à consulter mon célèbre ami, M. Geoffroy Saint-Hilaire : il n'en existe qu'un, qu'un seul, c'est le créateur du monde animique autour duquel gravitent *Ernest*, le *Manuscrit vert*, *Résignée*, et *les Ombrages*. Quel dommage ! Laisser périr ainsi une découverte innocente et sans danger ; une découverte qui valait trois prix Monthyon !

La résurrection des Templiers est plus sérieuse. Vous avez là M. Jacques Molay, je me trompe, M. Barginet de Grenoble, qui ne baisserait pas le regard devant un Philippe-le-Bel. L'ordre mondain a repris le manteau blanc et la croix rouge, la toque doublée d'hermine et les bottes molles à longs éperons d'or. Nous sommes au quatorzième siècle ; nous jouons au costume et à la cérémonie, comme si nous n'avions pas assez de la comédie bourgeoise et des loges maçoniques !

Louis REYBAUD.

LE PRINTEMPS A PARIS.

Le printemps à Paris, cette expression est presque un non-sens; je ne sais pas en effet s'il y a des saisons à Paris et surtout un printemps; a-t-on le temps, au milieu de cette agitation, de cette activité dévorante qui vous emporte, de cette multiplicité d'idées et de sensations qui frappe coup sur coup et sans relâche tous vos organes à la fois, a-t-on le temps, dis-je, de s'apercevoir qu'il fait chaud, froid, sec, humide, beau ou mauvais? Et d'ailleurs y fait-il réellement toutes ces choses, avec vos ventilateurs, vos salons où un rayon de soleil n'a jamais pénétré, vos jardins pleins de massifs, et vos caveaux; avec votre gaz qui chauffe et éclaire tout ensemble, vos bouches de chaleur, vos foyers, vos salles de spectacles, vos cafés, vos rues mêmes qui ne désemplissent pas, et enfin ce mouvement perpétuel qui vous fouette le sang et qui fait du froid une véritable négation; avec cette atmosphère imprégnée d'un éternel brouillard, et qui semble la transpiration des immenses souterrains sur lesquels est suspendue la grande ville; avec ce déplacement continuel qui empêche l'humidité de se fixer longtemps sur un même objet; avec ces hautes rues, ces marchés couverts, ces promenades voûtées, ces tentes, ces voitures, cette vie en un mot sans ciel et sans air?

Puisqu'il en est ainsi, et que vous ne connaissez à Paris ni l'hiver avec sa neige et ses glaces, ni l'été avec son chaud soleil, ni le printemps avec ses fleurs, ni l'automne avec ses vignes, ses feuilles tombantes et sa mélancolie, ou plutôt que vous connaissez toutes ces choses confusément et tous les jours de l'année, à la Saint-Sylvestre comme à la Visitation, alors vous ignorez complètement la jouissance du contraste, le bonheur du souvenir, la volupté de l'espérance, et ces émouvantes alternatives d'ennui, de regret, de surprise; tous les mets sont servis à la fois à votre appétit blasé, l'ordre admirable et coquet de la nature est interverti pour vous, votre vie est factice, toujours prévue, toujours la même; et ce n'est pas vivre, et même au milieu de l'agitation la plus animée, c'est l'inertie.

Savez-vous s'il y a des primeurs, vous qui avez des serres chaudes et des magasins où se décharge quotidiennement ce qui vole, rampe, nage, marche, végète en toute contrée et en toute saison? Avez-vous frémi de joie à la première apparition de ces beaux bourgeons d'un vert tendre, vous qui trouvez une verdure éternelle sous les péristyles de ces cafés, de ces restaurans, et sur les magnifiques escaliers de ces hôtels? Avez-vous compté les battemens de votre cœur en cueillant sous la rosée une à une des violettes ou quelque frais bouton de rose pour votre bienaimée, vous qui, tous les matins, sur les ponts, sur les quais, dans les passages, sous les arcades du Palais-Royal et les voûtes chaudes des salles de spectacle, êtes assaillis par des bouquetières qui vous présentent tout faits, bien posés sur des brochettes et artistement disposés, ces frêles cadeaux qu'on a tant de plaisir à arranger soi-même, parce qu'on attache une intention, une pensée d'amour à chaque fleur, à chaque feuille peut-être? Et vous autres, raffinés gourmands, qui croyez tout savoir, votre triste palais n'a jamais compris et ne comprendra jamais tout le prix d'un fruit cueilli et savouré sur l'arbre. En un mot, vous êtes des confiseurs, des épiciers, des pâtissiers qui avez perdu le sentiment des bonbons, du poivre, des petits pâtés, au milieu desquels vous êtes journellement plongés, triturés, noyés.

Le printemps à Paris, c'est plus qu'un non-sens, c'est une profanaton : le beau printemps, ma foi, que celui du Luxembourg, des Tuileries et du Palais-Royal! un printemps treillissé, sablé, compassé, tiré au cordeau ; un printemps de compartimens, de caisses à roulettes, de pots de marbre, de cases étiquetées, précisément comme la ménagerie du Jardin des plantes; cette comparaison est plus juste qu'on ne l'imagine ; car les mêmes fleurs sont condamnées à pousser annuellement dans le même espace, à végéter sous le même grillage, comme les singes, les loups, les renards dans leurs loges respectives. Le beau printemps qu'un printemps à distance, un printemps sur lequel on ne peut porter ni le pied ni la main, ni le nez ! Et il est beau encore, votre printemps du

Marché-aux-Fleurs, avec ses arbustes si pleins de vie et ses pots si pleins de chaux, votre printemps du Marché-aux-Fleurs, avec ses voix de poissardes, son eau fangeuse de la Seine, et sa perspective de l'Hôtel-Dieu et du Palais-de-Justice. Je l'aime bien aussi votre printemps des bouquetières de tantôt, vous savez, avec leurs brochettes et leurs camélias sans queue, le tout encadré dans un beau cornet de papier blanc.

Si j'avais à choisir, je préférerais, je crois, à tous ces printemps menteurs, fardés, costumés, ce printemps des fenêtres et des mansardes qui grimpe le long des vitres ou serpente sur la tuile ou l'ardoise, qui a pour zéphirs la fumée des toits mitoyens, et pour dieux protecteurs les chats du voisinage. D'ordinaire, c'est l'humble capucine qu'on y voit croître, la capucine qui doit plus tard orner votre salade, car ce printemps-là, comme tous ceux de Paris, a deux cordes à son arc; c'est quelquefois l'odoriférant pois de senteur, le pois de senteur, moitié fleur, moitié légume; quelquefois aussi c'est le rézéda, fleur chérie de la grisette et de la ménagère, qui s'en parfume voluptueusement l'estomac, la coquette. J'ai admiré plus d'une fois ces bonnes gens que, de ma fenêtre, je voyais tous les matins courir à leur jardinet; ils contemplaient d'abord avec recueillement ces trois ou quatre pauvres petites plantes rabougries, leur seule joie, leur seule consolation, leur seul amour peut-être ; avec quelle ivresse ils remarquaient le développement de cette feuille, le progrès de ce bouton; avec quelle religieuse précaution ils nouaient à de petites baguettes les branches frêles et tombantes, délivraient ces plantes chéries des insectes, des feuilles mortes, nettoyaient les deux ou trois pouces de terre qui leur couvraient le pied, et leur versaient le plus pur de leur fontaine de grès ! Assurément ils se soignaient moins eux-mêmes que ces bienheureuses fleurs, et je parierais à coup sûr que l'intérieur de leurs habitations, voire même de leur vaisselle multiforme, était moins net, moins propre, moins léché cent fois que ce petit parc tremblant, cet Eldorado, ce paradis aérien. Je ne bornais pas mes jouissances printanières à la perspective que m'offraient mes voisins d'en face; car moi aussi, pauvre écrivain, j'avais alors une mansarde ; j'allais de rue en rue sourire à tous les petits printemps portatifs qui fleurissaient aux derniers étages : que de torticolis j'y ai gagnés pourtant, sans compter les deux ou trois fois où ces modernes jardins de Sémiramis faillirent me tomber sur la tête ! J'ai mieux aimé, depuis, aller chercher le printemps dans les environs de ma petite ville de province, de mon honnête Saint-Quentin.

Car ce n'était pas non plus le printemps pour moi que cette longue allée de Longchamps où il n'y a des fleurs que sur les chapeaux et du vert que sur l'habit des chasseurs et les panneaux des équipages. Je n'étais pas non plus bien enchanté de ce bois de Boulogne, où un coup de pistolet vient brusquement vous distraire de votre rêverie, ni de ce bois de Romainville, où il n'y a que des ânes, des chevaux et des modistes, et où les soupirs sont bruyans à vous fendre la tête; ni de ce Versailles, de ce Saint-Cloud, de ce Saint-Germain, etc., qu'il fallait durement acheter par une expédition en patache, et je me souviendrai toujours des pataches parisiennes.

Printemps, je l'ai trouvé, si vous voulez, à Saint-Denis, à Montmorency, à Ermenonville; mais il en coûtait si cher à ma bourse que je n'avais plus d'yeux pour la belle nature; et puis, me direz-vous, ce n'était pas le *printemps à Paris*.

Le printemps à Paris, c'est comme qui dirait la vertu, ou bien cette autre rareté que Voltaire eût été *heureux cent fois* de trouver.

F. DAVIN.

LES BAINS PUBLICS.

Quand les Romains prenaient possession d'un pays, ils commençaient par y bâtir des *Thermes* ou palais de bains; comme plus tard, à peine débarqués sur une terre nouvelle, les Espagnols y bâtissaient une église, et les Français un théâtre; tandis que les Turcs jettent tout par terre, ces grands bâtisseurs de décombres! donc, autrefois, Lutèce avait les *thermes de Julien*, et c'est à peu près la seule antiquité romaine de Paris. J'ai tout lieu de croire que leurs baignoires de marbre ou de pierre ne recevaient que des corps et des jambes de conquérans, depuis le proconsul parfumé jusqu'au rude centurion, et que nos pauvres aïeux gaulois n'en voyaient que la fumée et les gouttières; car nulle part l'histoire de France ne dit (il est vrai qu'elle ne dit rien) s'il y fut coulé un seul bain après la fuite des aigles et la mort du peuple éternel. Les *thermes de Julien* sont restés à sec pendant un millier d'années, subissant toutes sortes de transformations, jusqu'à ce qu'enfin ils fussent loués, il n'y a pas très-long-temps, à un tonnelier ou marchand de vin du faubourg Saint-Jacques : c'était au moins une espèce de retour vers leur destination primitive, à cause des antiques relations des marchands de vin de Paris avec l'eau de la Seine. Honneur à nos autorités municipales qui veillent, comme elles y ont toujours veillé, à la conservation des monumens anciens! celui-là, dit-on, a encore ses quatre murs debout. Cela fait l'éloge de la solidité des constructions romaines, et de ce fameux ciment qui est perdu, comme le feu grégeois et la peinture sur vitraux, perdu comme les secrets d'Archimède, comme le génie de Solon ou la vertueuse éloquence de d'Aguesseau; perdu comme le paradis.

Quoi qu'il en soit, bien des siècles avaient noirci

et rajeuni Paris, sans que les *thermes de Julien* eussent été remplacés par un autre établissement de bains publics. C'est un agrément nécessaire dont il a fallu que la capitale se passât dans les plus beaux temps de la monarchie. Alors les grands seigneurs qui étaient tous fort riches, et les gens fort riches qui seront toujours des grands seigneurs, avaient des salles de bain dans leurs hôtels, et les basses classes du peuple avaient la rivière, sans enclos réservés, sans toile tendue, sans aucune précaution ni enjolivement, la rivière toute sèche. Quant aux classes moyennes qui, en fait de baignoires, n'ont jamais possédé dans leur intérieur que des cuvettes de six pouces de diamètre, et qui n'auraient pas compromis leur prudence ou leur dignité sous les arches des ponts, je ne m'explique pas.... Décidemment je crains que, dans l'ancienne France, les bourgeois proprement dits ne fussent un peu sales.

Ce n'est guère que dans le siècle de Voltaire, sous le règne de madame de Pompadour, enfin quand Louis XV était roi, que les *bains d'Albert* furent établis sur le quai d'Orsay, vers l'endroit à peu près où l'on construit tout doucement cet hôtel commencé sous l'empereur pour le ministère des affaires étrangères, qui, depuis, a dû être le palais ou le musée de l'industrie, et qui sera fini je ne sais quand pour je ne sais quoi. Cet établissement unique, fort médiocrement tenu, fut fort admiré. On eût dit un phénomène comme la machine de Marly; on ouvrait de grands yeux; on n'en revenait pas.... On y allait beaucoup cependant, et le bourgeois, une fois l'an, se baigna pour son petit écu, comme un fermier-général ou comme un duc et pair. Puis vinrent les *bains Chinois*, sur le boulevart des Italiens, puis les *bains Poitevins*, sur la Seine auprès du Pont-Royal, puis les *bains Saint-Sauveur* dans le quartier Saint-Denis... et le bourgeois se baigna pour quarante sous tous les trois mois, après avoir payé son loyer; puis, comme par enchantement, jaillirent les *bains du Mail*, les *bains Saint-Honoré*, les *bains Taranne* dans les trois rues de ces trois noms, les *bains Turcs*, rue du Temple, et tous les *bains Vigier* sur toute la rivière, et les écoles de natation, et les *bains de la Paix*, et les *bains Montesquieu*, et les *bains Grecs*, et les *bains Egyptiens*, et les bains de tous les pays et de toutes les rues, tellement qu'il y eut à Paris presque autant de moyens et d'occasions de se laver que de se salir. Et pour le coup, le bourgeois n'eut qu'à se baisser et à prendre, et il trempa et continuera de tremper une heure ou deux par jour, moyennant la bagatelle de vingt sous, quinze sous et dix sous. Et ce n'est pas tout, voilà les bains portatifs qui s'en mêlent et qui, traversant Paris dans toutes les directions, s'en vont relancer à domicile les retardataires et les podagres de tous les étages de toutes les maisons. C'est une véritable inondation, un second déluge, un magnifique *crescendo* aquatique; si bien que, d'après les derniers relevés, la proportion des baigneurs d'aujourd'hui aux baigneurs d'autrefois est de quinze cent dix-sept contre un, sans compter les bourgeois qui se jettent à l'eau, dont le total présente un progrès pour le moins aussi satisfaisant. Que voulez-vous? c'est le siècle des bourgeois; il n'y en a que pour eux. On a calculé que cinq mille personnes, dont trois mille hommes et deux mille femmes, sont employées à l'exploitation et au service des bains de Paris, et qu'il s'y verse plus de seize millions de francs. Ce sont autant de Pactoles qui roulent de l'or.

Pour mon compte, lorsque je suis cruellement agité de corps et d'esprit (et cela m'arrive régulièrement six jours par semaine et je ne me repose pas le septième), il faut que j'aille au bain, il n'y a que le bain qui puisse me tempérer, et détendre un peu cette crampe générale qui est devenue mon état habituel; quelle mauvaise habitude! qu'est-ce donc que je fais dans ce monde? Je me baigne et puis je me baigne. Du moins ai-je varié autant que possible la monotonie de ce procédé hygiénique. La nécessité m'a rendu ingénieux. Condamné à l'unité d'action, j'ai brisé sans pitié l'unité de lieu, et je me suis rafraîchi ou réchauffé dans tous les bains de Paris, comme un voyageur qui a voulu boire de l'eau de tous les fleuves connus. Et n'est-ce pas un voyage véritable que je fais ainsi tous les jours? la baignoire n'est-elle pas un esquif dans lequel on s'embarque pour tous les pays, selon le vent qui souffle ou le nom du bâtiment? l'imagination est le pilote, partons. La traversée sera vive et heureuse.

Suis-je aux *bains Turcs?*.... A peine m'a-t-on laissé seul dans mon petit kiosque aux vitres de quatre couleurs, d'où j'aperçois les croissans des toits voisins, à peine ai-je commencé à dépouiller mes vêtemens européens, que je suis le fils aîné du grand-visir dans un des quatorze pavillons de ses jardins de Scutari; j'entre mollement et presque endormi dans l'onde tiède et parfumée de la senteur des roses, et je rêve aux cinquante houris de mon harem, peuplé de toutes les beautés que j'ai tant aimées dans nos bals et qui ne l'ont jamais su. Un pirate ou un magicien me les a enfin vendues ou données, qu'importe, et elles vont savoir de quel amour je les aime, moi qui n'osais leur dire un mot d'amour. Surtout, oh! surtout cette belle et fière..., j'allais la nommer de son vrai nom! cette belle et fière Djinna, comme on l'appelle au sérail. Oh! qu'elle vienne avec ses grands cheveux noirs roulant comme son voile sur ses blanches épaules. « Ma souveraine, vous êtes mon esclave, l'homme est obéi dans tout l'Orient, et je veux être aimé. » Qu'elle vienne donc, la superbe Djinna, qu'on me l'amène appuyée sur deux nains d'Afrique, précédée de trente musiciens et suivie de toutes ses femmes, comme la lune du long cortége des étoiles! et ma main a vivement agité la clochette argentine, et j'entends qu'on approche, et la porte du kiosque s'ouvre, et une voix me dit : Monsieur veut-il la *Quotidienne* ou *le Constitutionnel?* — Ah! traître! que n'es-tu un muet! me voilà tout *désorienté*.... Allons, un peignoir et deux serviettes, et n'en parlons plus. Adieu, Djinna, ma sultane, adieu jusqu'à cette nuit... dans mes rêves!

J'aime les *bains Grecs*, rue Saint-Lazare. C'est une salle immense, où le jour tombe d'en haut, un grand cirque oblong, comme l'Opéra, avec trois étages de loges qui sont toutes des *baignoires*, par exemple. La première fois que j'y suis allé, il me sembla que mon vaisseau mouillait dans les eaux de l'Archipel, et que j'étais venu là du pays des brouillards, après m'être arrêté à Gènes et à Naples, ces splendides terrasses de la Méditerranée, et que j'arrivais au secours des Hellènes, avec trois millions, mon fusil, et surtout ma lyre, que j'étais lord Byron enfin ! il n'en coûte pas davantage. La civilisation grecque allait encore se lever brillante à un appel de poëte. La Grèce renaît ; on peut mourir, surtout quand on est immortel ! mais si je la veux libre et heureuse, cette héroïque terre, ce doux pays de Grèce, je ne veux pas que l'on tue ni que l'on renvoie la race des Osmanlis. J'ai le cœur trop poëte et trop artiste pour cela. L'humanité est une belle chose, mais les turbans sont bien beaux aussi ! par Allah ! point de fracs, de chapeaux ronds ni de gants glacés dans la ville des Sept-Tours, dans la musulmane Stamboul, dans la capitale des croyans. Rois de l'Europe, ne décolorez pas l'Europe ; empêchez les Turcs d'être méchans ; mais, au nom de la poésie et de la peinture, au nom de tout ce qu'il y a de pittoresque, ne les empêchez pas d'être turcs. Rognez les ongles du lion, mais laissez-lui sa robe et sa crinière et son rugissement impérial. Oui, qu'on puisse voir encore de ces vieux pachas avec leurs longs dolmans, leurs longues pipes, leurs longues barbes, vénérables scélérats, accoudés sur un tigre, tandis que les gazelles du sérail défilent une à une devant le mouchoir indécis.

Je me rappelle qu'un jour, en sortant des *bains Grecs*, j'aperçus à l'horizon du couchant ces grands cordages de pluie, ces gros fils noirs qui semblent appartenir à quelque vaisseau aérien, et qui s'avancent et arrivent sur nous dix fois plus rapides que les navires de l'Océan. Pour éviter un second bain, je n'eus que le temps de me jeter dans un *omnibus*, où je me trouvai côte à côte d'un savant helléniste. Il était décidé que ce jour-là je ne sortirais pas de la Grèce. Mon helléniste paraissait avoir du chagrin. Il ne me cacha point qu'il avait l'âme navrée en songeant à ce qu'était devenue la langue de Sophocle et de Platon.... Du grec moderne! du grec moderne! répétait-il avec indignation, un misérable jargon, enfant bâtard et dégénéré!... Je tâchais de le consoler un peu en lui exprimant combien je prenais part à sa douleur; mais j'y perdais mon latin, quand je vis monter dans la voiture M. Coraï... Tenez, dis-je à mon désolé savant, voici un Grec qui est digne de vous écouter et de vous répondre.—Bon, reprit l'helléniste, encore quelque *grec moderne*, je parie! et il détourna la tête. — O sainte préoccupation, vous êtes le génie... quand vous n'êtes pas la folie!

Le temps est voilé; mais l'air est doux et tépide.

car le soleil était brûlant, ce matin, et de ses flèches enflammées il a percé les abîmes du fleuve, et réveillé le sang glacé de leurs poissons engourdis. Je prendrai encore un bain à l'*école de natation*. Ne dirait-on pas deux cents fantômes mythologiques avec leurs visages et leurs robes pâles, qui rôdent sur les bords du gouffre infernal? Puis une force aveugle les y pousse tour à tour; quatre ici, trois là, dix plus loin, et les voilà tous se débattant, plongeant, remontant, disparaissant, et luttant des deux bras contre le courant, comme des gladiateurs désespérés, ou fuyant avec le flot, raides et immobiles sur le dos, comme les statues gothiques des vieux rois ensevelis. C'est un cercle du *Dante*. Il n'importe, j'y entre jusqu'à la bouche inclusivement, et je me mêle avec joie à tous ces damnés, bien sûr que mes folles illusions ne m'abandonneront pas, et qu'à peine dans l'eau, je serai Léandre, traversant, la nuit, l'orageux détroit, pour être essuyé sous un voile de caresses; ou Paul, fendant les vagues en fureur de l'océan Indien pour arriver jusqu'au vaisseau de Virginie; ou ce chevalier sicilien qui se précipita dans la gueule de Carybde, et en rapporta la bague de la reine, laquelle, lui ayant demandé ce qu'il voulait pour salaire, lui donna sa main à baiser, après avoir ôté son gant. Je verrais bien, si je voulais approfondir la chose, qu'il est fort possible que je ne sois rien de tout cela; mais pourquoi approfondir la chose? Le monde aussi est plein de gens qui vous disent : prenez garde, votre maîtresse médite une infidélité, examinez de près sa conduite. Si j'avais une maîtresse, moi, j'examinerais de près ses yeux, son sourire et toutes ses grâces, et je serais fort heureux en attendant. Mon Dieu! mon Dieu! des illusions, des songes, des beaux fantômes, c'est ce qu'il y a de plus sûr! ne demandons pas à l'amour, à la gloire, à la vie, plus qu'ils ne peuvent donner; ne sondons pas la destinée jusqu'au tuf; ne creusons pas les cœurs jusqu'au roc. Tout homme est un nageur : le secret de ne pas se noyer, c'est de glisser à la surface de l'onde.

Toutefois, les illusions, les rêveries ont aussi leurs dangers et leurs désagrémens très-réels. Cette vérité est sortie à mes yeux du fond des *bains Chinois*, où je reviens plus souvent qu'à d'autres, parce qu'il n'y en a pas de mieux placés, de mieux tenus, de plus fraîchement décorés, et que les salles y sont plus spacieuses, l'eau plus claire (on ne la dirait pas tirée du fleuve *jaune*), et les *consommés* plus gras que partout ailleurs; et parce que, si l'on a du temps à soi, on peut se donner une chambre élégante et un lit bien chaud pour se sécher après le bain, et faire la sieste espagnole pendant les heures brûlantes du soleil. Mais revenons au danger des illusions : je me trouvais donc aux *bains Chinois*, l'onde chauffée à 27 degrés, chaleur du sang, et par conséquent d'après mon système je me croyais un *lettré*, et en ma qualité de lettré je lisais ; et comme je lisais un nouveau roman du bibliophile Jacob, j'étais délicieusement absorbé dans ma lecture, et l'heure fuyait inaperçue, et je tournais la page, toujours, et encore, et le robinet jamais ! jamais le robinet d'eau chaude ! tellement qu'au bout de deux heures et demie, ma tête ardente s'aperçut qu'elle tenait à un corps glacé.... J'appelai, je sonnai, et l'on me porta, tremblant la fièvre, dans un de ces bons lits que vous savez, et le médecin de l'établissement arriva, et il me soigna si bien que j'eus une fluxion de poitrine dont je ne suis pas mort. Mais il me défendit, à cause de mes lectures et de mes imaginations, de retourner au bain tout seul.

Je suivis l'ordonnance sans aucun retard. Pour cela, je m'assurai d'un jeune cousin qui nous avait été expédié de Cahors ; un parent *éloigné*, comme vous voyez. Il ne faisait que d'arriver à Paris, et je ne l'avais encore vu qu'une minute et ne lui avais dit qu'une parole ; mais j'allai chez lui tout exprès, et il consentit tout de suite à m'accompagner dans mes bains; on lui avait ordonné à lui-même d'en prendre beaucoup ; c'était donc pour le mieux. Et puis, me disais-je, un jeune homme de vingt ans, une tête méridionale, le feu sacré est là; ses vives reparties, sa conversation animée, me dédommageront de mes rêveries solitaires. Nous commençâmes par les *bains Saint-Sauveur*, qui sont des plus beaux et des plus considérables de Paris. Nous voilà dans notre petite salle à deux baignoires. — Eh bien, Adolphe, ceci vous rappelle quelque chose, n'est-ce pas?— Non, mon cousin. — Est-ce que vous n'avez pas été l'autre année, avec votre mère, aux eaux de Saint-Sauveur, dans la vallée de Barèges?—Si, mon cousin. — C'est un magnifique spectacle, les Pyrénées! — Elles ne sont pas trop belles en haut; c'est tout pelé, mon cousin.

Allons, me dis-je en moi-même, le jeune homme n'est pas paysagiste; et, changeant de ton, je repris :

— Au moins vous avez dû y voir beaucoup de jolies femmes, et la plus agréable société pendant toute la saison?—Mon Dieu! mon cousin, je vous assure que la société, aux eaux, dépend beaucoup des personnes qui s'y trouvent.

Je le regardai fixement, et je ne vis sur sa figure

qu'un air de santé et de satisfaction intérieure : c'est bien triste.

— Adolphe, continuai-je, pourquoi donc vos parens vous envoient-ils à Paris?—Pour perfectionner mon instruction, mon cousin, et suivre toute sorte de cours. — Et vous aimez l'étude? — Beaucoup, mon cousin ; mais ce qui m'a retardé, c'est que je ne peux rien faire entre mes repas. — Je conçois que cela est gênant. A quoi vous occupez-vous de préférence?— Mais, mon cousin, tel que vous me voyez, on dit que j'ai le sang lourd, et alors je monte à cheval tous les matins pendant trois grandes heures, au grand galop : j'espère qu'à la longue cela me fera faire un peu d'exercice. —Je l'espère comme vous. Mais cela doit vous donner appétit aussi. Dix heures sonnent à l'horloge des bains, voulez-vous prendre quelque chose?— Merci, mon cousin, je ne prends jamais rien à jeun.

Décidément, le grand cousin n'est rien à côté de mon petit cousin. Eh bien, c'est un garçon qui aura de bonnes terres là-bas, et qui fera un bon mariage. Je lui fis cependant comprendre qu'il s'agissait de déjeuner réellement dans le bain, et alors il dévora trois côtelettes, une moitié de volaille, deux grosses tranches de jambon, et les poires de tout un poirier. Moi, selon l'habitude de mon pauvre estomac, je ne mangeai rien de tout cela; je pris un peu de soupe pour tout potage. Mais je pris en outre la ferme résolution de ne plus retourner au bain avec le cousin de Cahors. J'aime mieux la chance d'une seconde fluxion de poitrine que la certitude de sa conversation. Une bête a son agrément de loin en loin, quand on est plusieurs pour soutenir le choc et pour se regarder en riant; mais le tête-à-tête tous les jours, avec une bête, dans une petite chambre de six pieds carrés !.... J'espère que Satan n'a point songé à ce supplice pour ses hôtes.

Depuis ce jour, j'en fus donc réduit de nouveau à mes excursions solitaires; car il n'est pas facile de rencontrer un homme d'esprit qui se baigne tous les matins à la même heure que vous. Mais je pris de grandes précautions contre moi-même. Et d'abord, je ne hantai plus que des bains très-ternes, très-prosaïques, qui n'éveillent aucun souvenir, aucune illusion, tels que les bains de la rue Contrescarpe, de la rue Jean-Pain-Mollet, de la rue de l'Echaudé, que sais-je encore? Et puis, pour toute lecture, je lisais dans le *Moniteur* les séances de la chambre des députés, les jours où tout le monde est d'accord. Je vous réponds que de cette manière, je maintenais continuellement mon bain dans un état de tiédeur tout-à-fait en harmonie avec l'ordre de mes pensées. C'est ainsi qu'on se porte bien ; et j'engraissais à vue d'œil, et je ne mourais pas d'ennui cependant, parce que, sollicité par l'instinct de la conservation, j'avais imaginé un moyen d'amusement philosophique qui remplaçait, avec assez d'avantage, tout ce qui me manquait d'ailleurs. C'était, avant et après chaque bain, d'attendre un quart d'heure dans le vestibule et d'examiner, avec l'œil de l'observateur, toutes les figures d'hommes et de femmes qui entraient ou sortaient. Savez-vous qu'avec ce système d'inconstance journalière, appliqué à la passion des bains, un habitué comme moi finit en peu de temps par connaître toute la population un peu propre de chaque quartier de Paris? Et puis, que de petites intrigues, que de grands secrets on apprend ainsi! combien de dames qui sont allées se baigner à sept heures et demie du matin, et sont rentrées chez elles à onze heures sonnées, et qui ne sont restées au bain que dix minutes! le bain, c'est la garde nationale des femmes, et cela revient beaucoup plus souvent. Dans le dictionnaire des bains : RENCONTRE, *voyez* RENDEZ-VOUS; HASARD, *voyez* ARRANGEMENT. Aussi, que de choses à dire! que d'*histoires à faire!* je les ferais bien, mais je les ferais mal.

D'ailleurs, depuis quelque temps, je suis tout

souffrant d'une grande inflammation d'estomac, et tout travail de tête m'est interdit, à cause des relations intimes qui existent entre le cerveau et les régions abdominales. Les bains même ne suffisant plus, j'ai eu recours aux médecins, qui ont fait avec moi beaucoup de médecine, comme l'on dit, si bien que d'une assez légère affection dans les premières voies digestives, j'arrivai insensiblement ou plutôt très-sensiblement à une *gastrite* aiguë. Mais il m'a fallu trois mois de traitement pour cela : les remèdes ne vous font pas mal tout de suite. Alors, il fut question de m'envoyer aux eaux; mais comme, pour trois ou quatre raisons qui ne toucheraient personne, je ne pouvais pas quitter Paris, j'obtins par amendement de me rendre *aux eaux de Tivoli.* Barrège, Bagnères, Plombières, Aix, les Monts-d'Or, Spa, Bath, Néris, Saint-Amand, Baden, que sais-je encore? toutes les eaux minérales, sulfureuses, aromatisées, brûlantes, glacées, eaux à boire, eaux à prendre en bains, en douches ou en vapeurs, eaux de tous les pays et de toutes les espèces..., la chimie les a décomposées et recomposées par la magie de ses procédés analytiques et synthétiques, puis elle les a *copiées,* en les perfectionnant, comme tout art copie la nature. De sorte que toutes les sources de toutes les montagnes coulent depuis quarante ans sur la pente de la butte de Clichy, dans les cent bassins de Tivoli. Avec cela, un jardin si frais, des appartemens si chauds, salons de lecture, de conversation et de musique, tables d'hôtes ou tables particulières, une solitude ou une société charmantes; en vérité, c'est plaisir que d'y être malade, surtout quand on se porte bien, comme la plupart des personnes qui s'y retirent pour raison de santé. Il n'y a donc pas de lieu plus enchanté, plus varié, plus amusant et par conséquent plus salubre que les bains de Tivoli.... si ce n'est les *Néothermes*. Mais les Néothermes!... quel malheur qu'ils existent.... pour Tivoli !

Les *Néothermes*, ces jeunes rivaux, qui ont établi leur camp rue Chantereine, tout auprès de l'autre, c'est encore Tivoli, sans doute, mais un Tivoli plus actuel, d'une civilisation plus avancée, d'une qualité plus exquise : c'est cela et ce n'est pas cela. Entre ces deux établissemens, il y a cette petite ligne... cette énorme différence qui sépare le *bien* du *beau*, *l'irréprochable* du *charmant*, le grand talent du génie; qui sépare toutes les danses de celle de mademoiselle Taglioni, et tous les ténors du ténor Rubini. Prenez le *superlatif* de Tivoli, portez Tivoli à la seconde puissance, et vous aurez les Néothermes. Puis, c'est aux Néothermes que sont les fameux *bains Egyptiens*, c'est là que des mains agiles vous frictionnent et vous parfument vos rhumatismes, et vous *massent* des pieds à la tête, comme au grand Caire. Les douairières sortent de là, dit-on, avec des pieds roses comme ceux de l'Aurore; et de vieux spéculateurs, mais des plus coriaces et des plus racornis, en sont revenus avec une aisance dans les jointures et une souplesse d'épine dorsale à faire envie aux sauteurs bohémiens, et même aux solliciteurs libéraux.

Un soir que j'en sortais fort tard, je rencontrai sur le boulevart des Capucines un jeune homme qui me dit : Parbleu ! mon cher, vous devriez bien m'accompagner aux *bains Vigier;* j'ai à vous conter quelque chose de fort intéressant. — De fort intéressant pour lui, cela va sans dire. N'importe, je ne recule jamais devant un bain, comme vous avez pu vous en apercevoir. — Je voulais, ajouta-t-il, vous consulter sur mon mariage, qui vient d'être décidé... (c'est toujours à ce moment-là que l'on consulte), qui vient d'être décidé avec une jeune veuve que... —Que vous aimez, n'est-ce pas?—Sans doute, car elle est belle, tendre, spirituelle, vertueuse, pleine de grâces et de talens, parfaite. — Sans doute, car vous l'aimez. En parlant ainsi, nous arrivâmes auprès du Pont-Royal, et nous descendîmes ce svelte escalier des *bains Vigier* que tant de personnes ont descendu. Arrivés dans notre petite chambre à deux baignoires, il me parlait toujours de son affaire; mais la nuit était si calme et si splendide! à notre droite, la lune courait si blanche dans le ciel et dans les eaux du fleuve; et les magnifiques hôtels du quai, par leurs fenêtres éclairées de mille bougies, semblaient nous regarder avec des yeux si ardens, tandis qu'à notre gauche le petit jardin des bains, avec ses grands saules, ses grands peupliers et ses frais gazons, se dessinait vaporeusement aux lueurs de quelques lampes qui rendent la verdure si noire et si fantastique! ce triple spectacle si contrasté, Paris, le ciel et la campagne, tout cela témoignait si hautement de la puissance de Dieu et des hommes, que l'amour lui-même (l'amour d'un autre, bien entendu) me semblait peu de chose, et j'écoutais à peine, tant je regardais. Puis vinrent des chanteurs allemands, qui s'établirent sous les arbres et en animèrent le silence de leurs vives ou mélancoliques tyroliennes... Si j'avais la science de Castilblaze et l'art de la populariser, comme il fait, en feuilletons ou en volumes aussi spirituels et aussi intéressans que s'ils n'étaient pas très-savans, je vous dirais des choses charmantes sur l'origine, la nature et le style de ces airs de pays; mais, dans ma profonde insuffisance, je répétais seulement avec Shakspeare : « L'homme qui n'a dans son âme aucune musique, et qui n'est pas ému de l'harmonie des tendres accords, est capable de trahison, de stratagème et d'injustices; les mouvemens de son âme sont lents et mornes comme la nuit, et ses affections sont noires comme le tartare : ne vous fiez pas à un pareil homme.... Ecoutons la musique ! »

— Et nos amis ensuite, reprit notre amoureux, toujours tout à son affaire. Comme je vous le disais, ajouta-t-il en articulant très-ferme pour forcer mon attention, elle a peu de fortune, et mes parens disent que, dans ma belle position... que me conseillez-vous ? — D'épouser, si l'on vous aime comme vous aimez. A quoi donc servirait la richesse, sinon à choisir partout la femme selon notre cœur?— Si l'on m'aime! si l'on m'aime ! répéta-t-il avec une satisfaction béate, si ma Suzanne m'aime!

En ce moment une ombre blanche glissa le long de l'escalier des bains, traversa le petit jardin, et s'arrêta une minute sous la lumière du bureau, et tout à coup cette improvisation poétique s'éleva de la baignoire de mon jeune compagnon :

> Sur la vitre douteuse, incessamment fixé,
> Mon œil a reconnu son ruban rouge et jaune;
> Oui, c'est elle!... Son front, vers la terre baissé,
> Son front que l'on devrait rencontrer sur un trône!
> Son cœur semble rêver bien loin d'elle, et ses pas
> Font tout seuls un chemin qu'elle n'aperçoit pas.
> Mais elle a fui dans l'ombre, et mon âme éperdue
> Caresse encor long-temps son image perdue,
> Et le flot de mon bain, bouillonnant et grossi,
> Me dit que ses attraits se baignent près d'ici.

—Oh! oh! lui dis-je, mon cher Adolphe, je me rétracte. Je n'ose plus vous conseiller d'épouser.
—Et pourquoi cela donc? qu'est-il donc arrivé?
— Eh! mais... vous ne vous étiez pas vanté d'être poëte; et, quoique ces dix vers ne soient pas très-beaux, cependant, comme improvisés, ils suffisent pour me faire grand'peur. Les poëtes, mon bon ami, ne sont pas heureux en amour, et il y a long-temps de cela : quand Apollon s'approchait d'une nymphe, elle se changeait en laurier, la méchante!

—Oh! ma Suzanne ne changera jamais, surtout pour devenir un laurier. Je n'ai ni cette crainte ni cet orgueil.

A peine achevait-il ces mots, que nous entendîmes fort distinctement des paroles de femmes dans le cabinet voisin. Quand les dames descendent au bain, elles se mettent aussi le cœur à nu. Les confidences, les indiscrétions, elles croient que tout cela tombera dans l'eau. Mais les cloisons sont minces et perfides. Or, une voix de femme disait : —Voilà donc votre mariage conclu, ma chère, je croyais que vous ne l'aimiez pas. — Que voulez-vous, répondait l'autre voix, tout le monde me dit qu'il faut que je l'épouse ; c'est un excellent parti ; il est très-bon, très-confiant, il me rendra, je crois, plus heureuse que mon premier mari ; et puis, vraiment, je n'ai point d'aversion pour ce pauvre Adolphe. —Et à quand la noce?

— A jamais, cria d'une voix de tonnerre Adolphe, en frappant sur la cloison de manière à faire chavirer tout le bateau des bains, et en lâchant, sans y prendre garde, les deux robinets qui mugirent comme la chute du Niagara, que le voyageur prend, à trente lieues, pour les vagissemens de cinquante mille taureaux qu'on égorge ; et les voix de femmes se turent. Mais mon pauvre ami était retombé dans son bain les yeux aussi humides que le reste du corps. Il sanglotait, il suffoquait... et s'il eût trouvé un canif sous sa main, nous aurions revu le bain de Sénèque. Il s'en tint aux larmes, faute de mieux.

—Allons, allons, lui dis-je, *Dieu séchera ce qu'il a mouillé.* On trouve cet excellent axiome page 28 du *Brahme voyageur*. Je porte toujours sur moi ce livre trop court de Ferdinand Denis, parce qu'il renferme de grandes leçons de sagesse, exprimées avec un grand charme, et jetées dans un cadre très-ingénieux. Je vous le prête ; mais rendez-le-moi dès que que vous serez *séché*.

Cette affaire fit quelque bruit ; et, depuis ce jour, sur la demande du directeur de l'agence matrimoniale, les directeurs des bains publics ont eu l'attention de laisser un grand espace vide, un terrain neutre, entre le *côté des hommes* et le *côté des dames*. Les jeunes personnes ou veuves qui vont s'établir peuvent donc maintenant, dans toutes les baignoires de tous les cabinets possibles, parler à cœur ouvert de leurs *futurs ;* ceux-ci n'en sauront pas davantage que s'ils étaient déjà mariés.

Émile Deschamps.

ÉCOLES DE NATATION.

Voici venir le printemps : déjà fleurissent les chatons des saules; et, au soleil, quelques abeilles encore à demi engourdies y viennent en bourdonnant charger leurs pattes de la poussière jaune des étamines. J'aime à avancer en imagination les beaux mois de l'année : — mai, le mois des roses qui parfument l'air ; — juin, le mois des forêts vertes où les oiseaux chantent à l'ombre, où, couché dans l'herbe semée de violettes et de muguet, au bruit des feuilles qui tremblent, on reçoit de la nature, «bonne mère,» comme dit Ronsard, tant de douces et naïves émotions, tant de plaisirs gratuits, qu'à se sentir heureux de sa seule existence, on aime la vie pour la vie; on n'a plus ni soucis ni désirs, que ce vague besoin d'amour, d'un amour pour lequel la terre n'a pas de satisfaction — alors on se sent riche de ce beau logis que la nature fait à l'homme; on se sent riche de la vie, et l'on méprise ce qui fait le bonheur des heureux — les carrosses, quand la terre, vêtue de mousse, est si bonne sous les pieds — les salons aux plafonds dorés, quand on respire sous ce dôme de saphir que fait l'air bleu sur nos têtes; sous ces tentes des belles émeraudes que font les chênes et les ormes.

C'est alors que l'eau, resserrée dans son lit, redevient claire, transparente et tiède; que les joncs fleurissent, et que les nénuphars étendent sur l'eau leurs larges feuilles d'un vert sombre et luisant, et leurs fleurs tantôt jaunes, tantôt blanches, et toujours doucement odorantes, *suave olentes*.

Alors, et bientôt, dans Paris, vous allez voir remonter la rivière les gros bateaux des écoles de natation que l'on avait fait descendre derrière les ponts, à l'abri des glaces de l'hiver, qui, brisées par les piles, ne peuvent plus les déchirer.

Alors vous allez voir les maîtres nageurs mettre les escarpins, les pantalons blancs et les larges ceintures rouges ou bleues; — car la rivière est divisée en deux partis, *les rouges* et *les bleus*. Vous les verrez plus tard, dans les joûtes, se disputer une royauté annuelle; royauté toute de gloire, dont la liste civile s'épuise, en trois heures, au profit des amis altérés du vainqueur.

D'abord, *en amont* du pont Louis XV, c'est-à-dire au dessus dudit pont (car je me laisse entraîner au langage de mes amis les mariniers) se présente l'*école Deligny*. Cet établissement a donné à ses propriétaires une fortune très-arrondie, et c'est en grande toilette et en bonnet à fleurs que madame veuve Deligny reçoit les cartes d'entrée des nageurs.

L'eau est renfermée dans un grand carré long; de tous côtés sont des arcades couvertes, où se promènent les nageurs, et desquelles ils se précipitent; — au milieu est un pont : et c'est là et à l'amphithéâtre que font leurs tours les funambules et les acrobates de l'école, sauteurs, cabrioleurs, assez méprisés par les véritables nageurs, qui ne se piquent que de se jeter dans l'eau, la tête la première, sans ployer le corps ni les jambes, de manière à disparaître sans faire jaillir d'eau. Nous avons parlé d'abord de l'école Deligny, parce que c'est la plus ancienne école de natation de Paris; — parce que, bien qu'elle ait singulièrement perdu son antique faveur, elle reste classique et monumentale comme le Théâtre-Français; — parce que la plupart des nageurs de notre époque y ont fait leurs premières armes; parce que moi-même j'y passai mon année de *seconde*, exilé que je me trouvais alors du collége Bourbon.

Je ne quitterai pas cette école sans parler de son café-restaurant, autrefois tenu par une assez jolie femme, aujourd'hui par un gros petit homme, ce qui permet davantage d'ouvrir les yeux sur la faiblesse de la cuisine.

Je dois dire aussi que MM. Deligny passent pour les plus forts nageurs de Paris. Je ne les ai jamais rencontrés dans l'eau, mais c'est une réputation parfaitement étable.

Dans la plus grande profondeur, quand les eaux ne sont pas encore basses, l'école Deligny a quinze pieds d'eau.

Plus haut, en amont du Pont-Royal, est l'école Gontard; celle-ci est soumise à la nécessité de se couvrir en partie de longues bandes de toile; c'est une petite tyrannie de la grande école, semblable à celle qu'exerçait autrefois l'Opéra sur les petits théâtres, auxquels il ne permettait de faire parler qu'un ou deux acteurs.

Néanmoins, l'école Gontard a hérité en grande partie de l'affluence qui se portait autrefois à l'école Deligny. Le fond est en bois, mobile, et permet d'avoir toujours la même profondeur, et de ne pas craindre les rochers qui, dans le premier bassin de l'autre école, ont quelquefois blessé des nageurs. Le pont est remplacé par une poutre jetée transversalement sur les bateaux. C'est le théâtre d'une lutte assez plaisante, qui se termine d'ordinaire par la chute dans l'eau des deux combattans.

Le directeur de cette école a reçu il y a un an la croix d'honneur pour avoir sauvé un grand nombre de noyés. C'est une belle décoration : il la porte sur sa blouse de marinier.

Il faut que je me hâte de vous parler du restaurant, un peu plus satisfaisant que celui de l'école Deligny, et tenu par madame Gontard, bonne et aimable mère de famille, de la physionomie la plus douce et la plus avenante, pour arriver bien vite à Fabre, Fabre aux cheveux roux et blancs, Fabre au chapeau gris; Fabre, presque toujours le roi de la joûte; Fabre, que j'ai vu pleurer de joie le jour de sa dernière victoire, qui, doyen des maîtres nageurs, respecté et aimé de tous, est encore aussi vigoureux et alerte qu'aucun d'eux; Fabre, ancien soldat, qui raconte avec un admirable naturel des traits d'audace qui font frémir le bourgeois — qui, la nuit, une hache dans les dents, allait, nageant sous les coups de fusil, rompre les amarres d'un pont de bateau—Fabre, qui, sans le savoir, m'a sauvé la vie à quarante lieues de distance.

C'était à Châlons-sur-Marne. L'eau était haute et rapide; un cuirassier se noyait : il disparaissait, puis revenait en se débattant et hurlant. Je me jetai à l'eau : arrivé près de lui, je voulus le prendre aux cheveux; sa tête rase me glissa sous la main; il disparut, je plongeai, et je dois dire à ma honte que je le saisis si maladroitement, qu'à peine l'avais-je ramené à la surface, qu'il m'enfonça ses ongles dans le col, m'enlaça le corps de ses deux jambes, et que nous disparûmes au bruit d'un grand cri des assistans. Alors je souffris horriblement; de telle sorte que je cherchais à me casser la tête sur les pierres du fond, pour en finir; puis je sentis la vie partir et la douleur cesser : j'allais mourir. Du reste, cette cessation de souffrance est ce qu'on peut imaginer de plus délicieux. Il me revint en l'esprit que Fabre m'avait conseillé si je me trouvais en pareille circonstance, d'enfoncer vigoureusement les poings au dessous des côtes du noyé; ce moyen me débarrassa des jambes de mon cuirassier, que je ramenai, et qui, après quinze jours d'hôpital, reprit tranquillement son service. A cet été, mon vieux Fabre, je boirai encore avec vous un verre de vin, que je n'aime pas; mais j'aime à trinquer avec des braves gens comme vous.

Il y a encore une école vers le pont d'Austerlitz (l'école Petit) : elle est remarquable par la limpidité de son eau; mais elle est presque exclusivement consacrée aux élèves de deux ou trois colléges d'outre-Seine, qui y viennent barbotter deux fois par semaine — puis aussi l'école de Henri IV, à laquelle il ne manque que de l'eau.

Avant de jeter un coup d'œil sur la physionomie des écoles de natation, et de vous communiquer *mes observations et mes études de mœurs* (riez si vous voulez de mon ton didactique), il me reste à parler des bains vulgairement appelés bains à quatre sous.

Ceux-ci doivent être entièrement couverts de toile. De loin on dirait de grandes cages à canards. D'un peu plus près, vous entendez d'horribles cris confus et discords, des hurlemens, un flaquement d'eau; il semble qu'un bâtiment s'abîme et se perd corps et biens au sein de l'Océan. Entrez là, on a aboli le préjugé du caleçon. Pour vous, qui n'y êtes jamais entrés, et qui n'y entrerez jamais, je ne sais comment vous faire comprendre l'eau et le plancher couverts d'une multitude de corps grêles, pâles, nus, serrés, remuans pêle-mêle les uns sur les autres, tout-à-fait semblables à ces petits vers blancs dont les pêcheurs à la ligne ont des boîtes pleines. Là il y a un idiôme particulier, un argot; vous n'entendrez pas dire : l'eau m'entre dans le nez; mais j'ai de la *lance dans le nase*. Sortons, l'eau n'est ni fraîche ni propre, et ce bruit rendrait sourds des soldats accoutumés au canon.

Revenons aux écoles.

Il y a bien des classes et bien des types dans le nageur. L'espace ne me permet que d'en esquisser quelques uns.

Il y a d'abord deux grandes divisions :

1°. Le nageur qui nage;

2°. Le nageur qui ne nage pas.

La première se compose de deux ou trois nageurs dans une école. Nous n'en parlerons pas longuement. Si vous ne nagez pas, vous ne pourriez comprendre ce que je vous dirais; si vous nagez, vous savez ce que je pourrais dire beaucoup mieux que je ne l'exprimerais. Vous reconnaîtrez le nageur qui nage, à cela d'abord qu'il se jette dans l'eau presque inaperçu; mais avec indifférence et une sorte de grâce; puis à cela encore qu'il vous paraîtra aussi à son aise en nageant qu'il l'était tout à l'heure en causant avec vous, et enfin qu'il est indifféremment sur l'eau ou sous l'eau.

Passons à la grande division des nageurs qui ne nagent pas.

Ce nageur se déshabille avec une audace remarquable. Il porte un caleçon d'une couleur éclatante, et se drape avec son peignoir ni plus ni moins que si c'était une robe prétexte, ou le laticlave sur lequel les savans n'ont jamais pu décider si c'était un robe ou un clou.— Honneur aux savans.

Le nageur de cette division, une fois déshabillé, s'assied au soleil, et, de temps à autre, demande à un homme qui sort de l'eau : *l'eau est-elle bonne?* Question d'autant plus inutile que, quelle que soit la réponse, elle n'aura aucune influence sur sa détermination. Au bout de deux heures qu'il a passées au soleil à attendre qu'il n'ait plus chaud, il s'aperçoit qu'il transpire, et, pressé par l'heure du dîner, il se r'habille et s'en va.

Un autre plonge un thermomètre dans l'eau, et ne se baigne qu'à condition que le thermomètre s'élèvera à une certaine hauteur.

Un autre se déshabille, garde son chapeau, et va s'asseoir dans l'eau jusqu'aux reins, sur une échelle, à l'extrémité de l'école.

Il faut mentionner :

Le funambule qui fait d'admirables culbutes en l'air, et une fois dans l'eau, regagne l'échelle à grande peine;

Celui qui ne se mouille jamais la tête, et s'en va si une vague lui monte jusqu'aux yeux;

Celui qui passe tout son temps à faire des tours, et à s'enlever à la force des poignets, le plus loin de l'eau qu'il lui est possible;

Celui qui nage en lunettes;

Celui qui se déshabille pour déjeuner et se r'habille immédiatement après;

Le farceur qui donne des passades aux néophytes et aux apprentis, et croit faire une excellente plaisanterie en leur faisant subir toutes les angoisses des noyés. Quand le farceur s'adresse par mégarde à un nageur, il n'est pas rare qu'il soit sévèrement puni de son imprudence. C'est une justice qu'il nous est parfois arrivé d'exercer avec un vrai plaisir.

Il y a une autre variété de farceurs : elle se compose de gens qui se jettent dans l'eau de manière à se dépouiller le corps, pour le plaisir de jeter un peu d'eau à ceux qui sont sur le bord. — Ce type est un suicide — Il est toléré.

L'homme qui, enveloppé dans son peignoir, cause politique et fait de l'opposition ;

Le lycéen qui fume avec orgueil un cigarre qui lui fait mal au cœur ;

L'homme qui sait passer dans un cerceau, et est obligé de demander *la perche* pour regagner le bord.

La nomenclature serait trop longue si nous ne supprimions — celui qui passe le temps à s'attifer devant une glace — celui qui se fait couper les cors par le pédicure de l'établissement — celui qui redoute le moindre ébranlement de l'eau, au point de n'y descendre que lorsqu'il n'y a personne dedans — celui qui passe une heure à se sécher, une heure à descendre le premier échelon, une heure à mettre une jambe dans l'eau, et qui finirait cependant par se baigner, si la nuit n'obligeait de congédier les nageurs, etc., etc.

Mais ce qui est un objet désolant à voir, c'est la physionomie déplorable de l'école : ces corps grêles et pâles, sans force, sans vie, sans couleur. — Le Parisien ne porte pas de bras, très-peu de torse, point du tout de jambes; en revanche, il porte prodigieusement de lunettes et de calottes grecques.

Nos limites, que nous craignons d'avoir déjà dépassées, ne nous permettent pas de parler des *pleine eau*. C'est un bateau qui, chargé de nageurs reconnus à peu près capables, et sous l'inspection d'un rameur et d'un maître nageur, laisse les baigneurs nager dans l'espace compris entre le Pont-Royal et le pont Louis XV. Il y a quelques années un homme ivre s'est noyé, malgré les efforts et le courageux dévouement du maître nageur *l'Ablette*, qui réussit à ramener un autre nageur qui se noyait en même temps. Long-temps auparavant, par une négligence qui ne s'est jamais renouvelée, un semblable malheur avait eu lieu dans l'école Deligny.

Pour nous, nous préférons aux écoles les bains à la campagne : là, nous évitons ce spectacle assez triste des corps transparens, sans os et sans chairs, et de plus, nous avons l'herbe, les joncs et les fleurs sur les deux rives — et les peupliers balancés par le vent; l'eau et l'air et le soleil libres, et le silence et une rivière tout entière, et les hirondelles qui rasent l'eau — et les libellules qui, avec leurs ailes de gaze, se posent sur les joncs — et les martins-pêcheurs qui, passant avec la rapidité d'une flèche, font briller au soleil, comme des pierres précieuses, leur plumage bleu, vert et fauve.

ALPHONSE KARR.

UNE MESSE A SAINT-ROCH.

Il paraît que la lenteur à bâtir est chez nous un vice de constitution, une affection organique incurable. Il fallut quatre-vingt-sept ans pour élever l'église Saint-Roch, ce pénible morceau d'architecture, écrasant chef-d'œuvre des Mercier et des Robert de Cotte. Le 28 mars 1653, Louis XIV et sa mère, Anne d'Autriche, en posèrent dévotement la première pierre, et, quoique la religieuse Maintenon et le jésuite La Chaise eussent régné dans l'intervalle, il fut nécessaire, pour l'achèvement de la pauvre église, que le financier écossais Law inventât la banque du Mississipi, qu'afin de devenir contrôleur-général des finances il se fît déprotestantiser par l'abbé Tencin, et qu'il donnât enfin cent mille livres aux maçons de Saint-Roch pour les remercier d'avoir bien voulu le laisser entendre la messe catholique, et communier, à l'instar de Rome, au milieu de leurs échafaudages. Une douzaine de conversions comme celle-là ne feraient point de mal à notre triste église de la Madeleine, si cruellement ballottée depuis tout à l'heure quarante ans.

Pourtant, l'église Saint-Roch fut terminée en 1740. On ne mit que quatre ans à faire le portail, ce curieux mélange de mauvais goût et de majesté, bizarre façade coupée en étages et percée de fenêtaes, avec une porte cochère au milieu, ni plus ni moins belle que la plupart des autres portes cochères de la rue Saint-Honoré. Si son perron, commode et riche étalage pour les marchands de pommes et de pain d'épices, n'existait pas, il serait vraiment à regretter que le 13 vendémiaire an IV, l'habile capitaine d'artillerie Bonaparte n'eût pas pointé un peu plus haut le canon de la Convention : quelques notables dégradations auraient peut-être fait changer l'absurde ordonnance de ce frontispice ridicule. Robert de Cotte était cependant un célèbre architecte dans son temps, M. Fontaine aussi.

L'intérieur de l'église Saint-Roch n'a point d'analogue à Paris. Il convient merveilleusement au genre de pompes religieuses que l'administration toute mondaine de cette église paraît avoir adopté. Divisé en cinq parties comme un drame, il a son premier acte dans la nef, exposition convenable et décente, quoique faite de lourds rochers entassés les uns sur les autres. Cette chaire apocalyptique que soutiennent les vieillards et les animaux sacrés, ces deux grands cordons de lustres en cristal, ces rideaux blancs aux croisées, éveillent dans les esprits une admiration d'opéra. Le second acte, c'est le chœur avec sa magnifique avant-scène peuplée d'autels, de tableaux et de statues; le chœur au pavé de marbre revêtu de tapis épais et brillans, avec son formidable orchestre, ses lévites aux voix d'argent qui montent à travers les voûtes, avec ses fauteuils royaux faits de velours et d'or, symétriquement rangés comme dans une salle de bal. Au fond de ce sanctuaire éblouissant s'élève avec majesté un maître-autel en marbre vert, cordonné de ciselures comme un socle de pendule, où des cierges parfumés brûlent dans des chandeliers d'or, où deux anges d'albâtre veillent debout devant un tabernacle en or, piédestal d'un crucifix en or.

Jusque là, ce magique spectacle tient tout entier à la mise en scène. Le décorateur y est à peine pour quelque chose. Mais tournez le chœur, laissez tomber la toile sur le second acte du drame de Saint-Roch, voici une autre action qui commence. Voici la chapelle de la Vierge, bâtie en 1709, due au pinceau de Pierre, au ciseau de Falconnet. Voici une autre église, la nef et le chœur ne sont plus, oubliez-les, et admirez l'immense composition de l'Assomption peinte sur la coupole. Ceci est beau, véritablement beau, l'âme s'élève et devient religieuse dans la contemplation de cet œuvre sublime. L'artiste à qui nous le devons mérite d'être immortel, c'est Pierre, je l'ai déjà nommé. Mais par une inconcevable fatalité, comme s'il était impossible qu'aucune partie de cette malencontreuse église fût complètement belle, du haut de l'admirable coupole descend une ignoble sculpture en pierres peintes et dorées, qui représente, selon l'artiste, la Présentation de l'Enfant Jésus au Temple. Si les vieux nuages poudreux et râpés, accompagnement obligé des antiques gloires de *Télémaque* et de *Psyché*, excitaient jadis votre rire moqueur, que direz-vous de ces masses de pierres à peine dégrossies, effrontément baptisées du nom de *nuées* par le maçon Falconnet, d'où sont tombées à terre deux figures, heureusement aussi lourdes qu'elles? Que direz-vous de ces rayons, les uns longs, les autres courts, ayant tous deux pieds de large sur un d'épaisseur, formulant une gloire céleste, ainsi qu'il résulte du triangle symbolique cloué au sommet?

Derrière cette chapelle si laide et si belle en même temps, se trouve la chapelle de la Communion, troisième église, quatrième acte du drame, nœud profondément poétique de l'action mystérieuse et sacrée. C'est encore Pierre à qui nous devons la coupole, simple et majestueuse décoration représentant le triomphe de la Religion. Au fond de cette rotonde, incessamment sanctifiée par l'accomplissement de l'acte le plus imposant du culte catholique, pose un autel de pierre, noblement paré d'un tabernacle qu'adorent en s'inclinant deux anges un peu trop gigantesques, sculptés par Paul Slodtz.

Enfin voici se dérouler la sombre catastrophe de l'œuvre. C'est dans un caveau où la lumière descend à peine; caveau honteusement encombré de balustrades mobiles qui servent à marquer dans les grands jours la séparation des riches spectateurs d'avec les pauvres, du parterre d'avec les

loges. Je laisse ici parler le savant Dulaure « Une
» vaste niche, éclairée par une ouverture qu'on ne
» voit point, par un jour que les architectes nom-
» ment jour céleste, présente la cime du Calvaire,
» l'image de Jésus crucifié et la Madeleine pleurant
» au pied de la croix. Sur le premier plan sont des
» soldats couchés, des troncs d'arbres, des plantes,
» parmi lesquels rampe le serpent. Plus avant et
» au bas de cette espèce de montagne, lieu de sup-
» plice, est un autel de marbre bleu turquin, en
» forme de tombeau antique, orné de deux urnes,
» d'où sort la fumée en marbre. Au milieu s'élève
» le tabernacle, composé d'une colonne tronquée,
» et autour duquel sont groupés les instrumens
» de la Passion. » La *fumée de marbre* et les masses
sont de Falconnet; les figures de la niche, parmi
lesquelles le Christ doit être regardé comme fort
beau, ont été sculptées par Michel Anguier.

C'est bien, comme on voit, un drame complet.
Jésus expose et prêche sa doctrine dans la nef; il
chante et bénit Dieu au sanctuaire, sa voix éclatante de grand prêtre étonne, inspire la multitude
qui répète ses chants; dans la chapelle de l'Assomption, à l'exemple de tous les créateurs de religions, il divinise son origine; il est puissant, il
commande, il règne, il est Dieu dans celle de la
Communion; puis enfin il meurt, victime de la

tyrannie qu'il a frappée dans sa base et qui le tue en s'éteignant; il meurt, méconnu de la foule qu'il est venu délivrer ; il meurt impassible, calme, tout-puissant sur la croix, car il sait qu'il ressuscitera dans sa doctrine, il la suit de l'œil dans l'avenir, il est sûr qu'elle triomphera.

Ce qui me semble, à moi, une raisonnable explication du plan adopté pour l'érection de cette église, n'est peut-être nullement venu à l'esprit de ceux qui l'ont conçu et exécuté. On a même le droit de trouver absurde ce que je viens de dire. Mais la question n'est point pour moi dans l'existence primitive de cette pensée dramatique. J'ai seulement voulu prouver, autant qu'il m'était possible, comment l'église Saint-Roch me semble plus propre qu'aucune autre église de Paris aux représentations théâtrales qu'on y donne concurremment avec celle de Saint-Eustache. Allez à Saint-Roch les jours ordinaires, quand les prêtres y chuchottent des messes basses, quand il n'y a pour les entendre qu'une douzaine de vieilles dévotes, autant d'oisifs, quelques veuves encore inconsolées, et deux ou trois curieux, vous n'y verrez rien de tout cela, certainement. Mais assistez, comme je l'ai fait, à de grandes solennités dominicales ou patronales, et vous verrez ce que je vous ai dit.

Le 15 août dernier, j'avais lu dans un journal que M. Dufresne jouerait à Saint-Roch de la trompette à piston. Depuis la mort du vieux curé Marduel, cette église m'était inconnue. D'ailleurs trop de souvenirs d'intolérance chrétienne, de despotisme clérical s'y rattachaient pour que j'aimasse à la fréquenter. Le scandale des convois de mademoiselle Chameroy et de mademoiselle Raucourt me la rendaient fâcheuse. En religion comme en politique, je déteste les hommes qui damnent et condamnent à tort et à travers tout ce qui ne s'agenouille point devant leurs idées. Cependant deux choses, ce jour-là, faisaient trêve à mon aversion pour Saint-Roch : l'envie d'entendre l'effet que pourrait produire sous les voûtes sonores d'un temple un instrument nouveau et ravissant à mon oreille; puis le désir de voir en face, une fois pour toutes, le prêtre qui, trois ans après la révolution de juillet, se sentait encore assez d'audace et de puissance pour vendre trente mille francs les prières de l'église à une actrice mourante[1]. J'entrai donc.

La messe allait commencer. Déjà se pressait dans la nef une foule parfumée, habillée de soie, coiffée de plumes; foule ayant de l'or dans ses

---

[1] Mademoiselle Bourgoin.

poches et des diamans à ses oreilles, foule puissante de sa fortune maintenant, comme elle l'était jadis de ses titres. Car ce n'est plus la duchesse qui va s'asseoir aujourd'hui sous la chaire de Saint-Roch, et tenir le haut bout dans la nef ou dans les travées; c'est la marchande, l'orgueilleuse marchande, fière et méprisante au peuple comme était la duchesse, parce qu'elle gouverne aujourd'hui, parce qu'elle peut dire, en grossissant la voix, comme on lui a dit que faisaient les duchesses : — J'ai mon mari qui est pair de France! — Pauvres révolutionnaires de juillet, vous nous disiez avoir détruit l'aristocratie, vous l'avez déplacée, voilà tout. Fugitive du faubourg Saint-Germain, elle est venue, déguisée en banquier, se cacher à la Chaussée-d'Antin. C'était le plus noble hier qui régnait, c'est le plus riche aujourd'hui. L'aristocratie est indestructible en France.

J'avais trois sous à donner pour une chaise : je m'assis en songeant à la multitude que je laissais derrière moi, debout en dehors de la balustrade, comme au parterre d'un théâtre de province, multitude pauvre ou économe, déjeunant avec le prix d'une chaise, ou calculant que deux chaises font un *omnibus*. La procession sortait du sanctuaire, grave, resplendissante, le pas et le regard fermes, comme un cortége impérial. En avant, deux suisses, longs et minces, jumeaux de taille, de costume et presque de figure, nivelaient le vivant passage à coups de canne et de hallebarde. Derrière ces automates empanachés, glissait en deux blanches files l'humble troupeau des vierges vouées à Marie, jeunes, fraîches et jolies à voir sous leurs grands voiles transparens comme la rosée. La plus grande et la plus belle portait la bannière, dominant ses compagnes de toute la tête; reine parmi ses égales, rouge et fière de son fardeau, elle semblait dire à la foule : — Admirez-moi!—Ensuite venait la haute croix d'or, majestueusement balancée entre deux torches saintes, symbole révéré que les hommes saluaient en s'inclinant, les femmes en se signant; car il est de bon ton aujourd'hui d'être dévot à l'église, notable perfectionnement dans nos mœurs. Puis les enfans de chœur, gentils bambins, coiffés d'écarlate, allongeant le pas, sérieux et les bras croisés comme des hommes de quarante ans; puis les chantres, ambulantes statues, avec leurs chapes en drap d'or; les diacres en dalmatiques ruisselantes de broderies, portant sur leur poitrine les livres d'Epîtres et d'Evangiles reliés en argent; puis un long état-major de prêtres vieux, jeunes, de toute couleur, de toute mine, les mains collées sur leurs deux paumes, et les lèvres mouvantes : j'aime à m'imaginer qu'ils priaient. Puis enfin le curé, l'homme que je voulais voir, homme du monde s'il en fut, frais et brun, net et lisse comme un supérieur de couvent, l'abbé O******, curé de Saint-Pierre de Chaillot avant de l'être de Saint-Roch, le plus aimable et surtout le plus habile des curés, qui, bénissant un jour de Fête-Dieu les reposoirs de sa petite paroisse, trouva moyen d'inviter un ami à déjeuner et de lui faire le menu du festin entre l'*Adjutorium* et le *Benedicat*. Derrière le curé venait la troupe laïque des marguilliers, vrais corbeaux des pieds à la tête ; et les bedeaux fermaient la marche en habit à la française et jabot, la chaîne au cou, l'épée au côté, comme des huissiers de ministre.

La procession fit silencieusement le tour de l'église, tandis que l'orgue immense lançait aux voûtes retentissantes une magnifique marche militaire.

Elle rentra comme elle était sortie, muette et froide. Chacun prit place. L'organiste accompagnateur s'assit à son clavier ; les chantres s'étagèrent devant le lutrin. Il se fit partout cette suspension qui vous serre la poitrine entre le premier coup d'œil du puissant Habeneck[1] à son orchestre

---

[1] Chef d'orchestre de l'Opéra.

et le dernier signe de son archet.... Alors l'officiant, vieillard à la tête vénérable et sacrée, s'isolant le plus possible de ce qui l'entourait, dit tout bas : *Introïbo ad altare Dei,* et cinquante voix commencèrent la plus délicieuse musique que j'aie entendue de ma vie.

Alors vous eussiez vu tout autour de moi les visages pâlir, les yeux devenir fixes, les têtes se lever instinctivement vers le ciel, tant était formidable le torrent d'harmonie qui venait de surgir tout à coup. Aux voix puissantes, aux voix de tonnerre des chantres que j'avais vu passer, hommes à la poitrine de fer, aux poumons d'acier, se mariaient les voix argentines des enfans de chœur, aiguës et claires comme des fifres; à travers cette magnifique alliance de sons humains, perçaient les cris terribles et sinistres des trombones, et l'orgue d'accompagnement, et les contre-basses frémissantes soutenaient cette tempête de musique : et puis tout cela se taisait, parce que derrière nous s'était levé l'orgue-géant du portail, et que sa voix mugissante comme un grand peuple voulait à son tour dire le chant sacré.

Les femmes ne bougeaient plus, elles ne regardaient plus les chapeaux de leurs voisines; elles baissaient la tête, épouvantées comme si les impétueuses clameurs de l'orgue leur eussent fait craindre la chute du temple. De temps en temps elles essayaient, toutes tremblantes, un regard derrière elles, et revenaient tranquillisées fixer leurs yeux au livre de maroquin doré qu'elles tenaient ouvert toujours à la même page. Les hommes semblaient se baigner dans cette musique immense, ils battaient du pied la mesure comme à l'Opéra, et la plus jolie figure de femme passant auprès d'eux n'eût point obtenu le moindre signe d'attention.

Au *Kyrie* succéda le *Gloria in excelsis*. Ensuite vint le *Credo*, œuvre sublime, admirable oratorio où se croisent et se confondent vingt chants différens, vingt chefs-d'œuvre d'opposition. C'est une musique étrange, magique, visiblement tombée du ciel dans l'âme du compositeur ; la vie du Christ y est étudiée, suivie, traduite avec une poésie ravissante. Non, les anges ne chantent pas plus diviniment les louanges du fils de Dieu ! ils n'ont pas d'accords plus déchirans pour raconter ses souffrances et sa mort, pas d'élans plus victorieux pour exprimer son triomphe ; ils ne proclament point son éternelle puissance avec plus de majesté.

L'endroit de l'église où j'étais alors convenait parfaitement pour entendre cette première partie du concert religieux. Debout au milieu de la nef, mon œil plongeait à l'aise dans les profondeurs du sanctuaire, et la misérable sculpture de Falconnet m'apparaissait de loin presque belle, presque poétique à travers la haute croisée du maître-autel. Il y avait entre cette gloire de pierre et moi une illusion de cierges allumés, une odorante fumée bleue d'encens qui la revêtaient d'une incertitude mystérieuse, d'une sorte de mobilité aérienne. Mon imagination, exaltée par la musique, agrandissait les voûtes trop surbaissées du temple, elle changeait ses lourds piliers carrés comme des piédestaux en élégans faisceaux de colonnettes élancées, elle sculptait ses voussures arides en gracieux pendentifs; alors mes regards quittant ces hauteurs figurées, trouvaient l'homme plus petit, plus humble, plus à genoux sur le pavé du gigantesque édifice, et maintenant que j'avais élargi l'espace, j'apercevais au dessus de l'homme, au dessus du prêtre, au dessus de l'orgue, au dessus du temple quelque chose de plus grand qu'eux tous, j'apercevais Dieu. Oui, Dieu était là pour moi, écoutant avec complaisance chanter l'histoire et les mérites de son prophète, de son fils, et l'artifice théâtral du curé de Saint-Roch me semblait utile et louable, son désir d'écraser la concurrence de Saint-Eustache était justifié à mes yeux, puisque cette ostentation mondaine, cette jalousie de commerçant pouvaient concentrer dans une préoccupation presque religieuse, presque digne d'une église et d'un Dieu, les esprits distraits et indévots de la multitude assemblée.

Mais l'admirable ordonnance du concert me fit prévoir que bientôt j'allais me trouver contraint et mal placé parmi tout ce monde déjà fatigué d'attention, et bâillant à force de se recueillir. Je pensai que le compositeur avait gardé les sombres et douloureuses ressources de son âme pour la *Consécration;* or, pouvais-je, avide d'émotions complètes et pures comme je suis, pouvais-je rester là, entouré d'hommes qui tiraient leur montre à chaque instant, de femmes pour lesquelles l'heure des Tuileries était venue? Non. Tandis que la voix tremblante du vieil officiant prononçait la touchante formule de l'élévation, je me tirai de la foule, je quittai la nef, et, remontant le bas-côté à gauche, j'allai m'enfoncer dans la chapelle du Calvaire, où j'attendis.

J'étais presque seul sous cette caverne humide et sombre, il n'y avait là que deux femmes en grand deuil et un jeune enfant, famille agenouillée qui priait sans doute pour son chef mort. Les deux femmes étaient immobiles dans leur douleur; l'enfant, assis sur ses talons, jouait avec la paille de sa chaise; debout, derrière eux, appuyé contre un pilier, je contemplais avec attendrissement ce groupe digne de Vigneron, quand le coup de sonnette du *Sanctus* se fit entendre; un frisson précurseur me parcourut les épaules, et la trompette à piston, la trompette de M. Dufresne, s'élança toute seule dans l'espace. Je renonce à peindre ce que fit naître en moi d'émotions saisissantes ce motif si lugubre et si doux pleuré, c'est le mot, par l'instrument le plus admirable qui ait jamais frappé les voûtes d'une église. Les cinquante voix d'hommes, si belles de justesse et d'ensemble, le tonnerre de l'orgue, les pompes de l'orchestre, tout avait disparu, tout était oublié. Les sons miraculeux de la trompette me semblaient, par un phénomène d'acoustique, venir d'en haut; et quand le motif fut achevé, la trompette recommença, deux trombones et deux cors l'accompagnaient, et la voix limpide des enfans de chœur dit lentement avec la divine expression d'un chœur d'anges : *O salutaris hostia*. Alors je sentis mes genoux fléchir, je pliai mon corps en deux, j'avais peur, j'étais écrasé, terrassé; il y avait dans ma tête un écho pour cette mélancolique oraison, les pleurs de l'inimitable instrument me secouaient le cœur : alors je crus voir s'agiter la statuaire de l'autel, la bleuâtre lueur de la niche s'assombrit, la tête de marbre du Christ crucifié s'anima, j'entendis le Sauveur répéter sa dernière prière, prière de pardon pour ses bourreaux, prière qui prouve qu'il était Dieu quand il mourut. Et lorsque les chants eurent cessé, lorsque les coups de canon de l'orgue m'eurent arraché de cette admiration extatique, j'étais baigné de sueur, j'étais étonné, tremblant, j'osais regarder à peine... Et pourtant le groupe était toujours à genoux au pied du calvaire en pierre, de l'immobile crucifix en pierre, à genoux contre le tombeau de marbre d'où sort de la fumée de marbre.

La messe était finie. Je fis le tour de l'église en m'arrêtant devant les douze Stations-Passionnaires de M. Deseine, suite de bas-reliefs mesquins qui vont de chapelle en chapelle finir par un groupe absurde au fond d'une grotte en trompe-l'œil, et je sortis après avoir salué au dessus du bénitier l'épitaphe de marbre du grand Corneille, et dans une chapelle tumulaire le buste de Lenôtre, perdu parmi les aristocratiques cénotaphes des Maupertuis, des Créqui, des d'Harcourt et des Lorraine.

Auguste Luchet.

LES MAISONS DE JEU.

Paris a un triste monopole, le monopole des jeux ! seule du royaume, la grande ville peut impunément tailler le *trente-et-un* et faire mouvoir le cylindre de *la roulette*. Cela lui vaut : elle y gagne des consommateurs à ses octrois, des patiens à ses cours d'assises et des cadavres aux sables de sa rivière. A Paris affluent ces hommes blasés sur les chances aléatoires de la vie, qui jouent leur avenir en un coup de dé, organisations à part, où surabonde le plus puissant des mobiles humains, le besoin d'émotions, population flottante et incessamment balayée, dont restent seuls debout, assistant aux lugubres hécatombes, quelques vétérans râpés qui, depuis cinquante ans, pointent amoureusement la carte, heureux d'emporter au tombeau les illusions de la *martingale et du tiers et tout*. A côté de ce peuple désordonné de joueurs, qu'on exprime et qu'on rejette, qui se succède autour du tapis vert avec une si effrayante rapidité, s'asseoit immobile un autre peuple, à face honnête et sereine, à la toilette irréprochable, aux habits coupés par Staub et brillans de chaînes et de joyaux, gens graves, calmes et bien nourris, chez lesquels aucune ride précoce n'accuse les soucis rongeurs, parlant d'or quand ils devisent, bons époux, bons pères, locataires rangés, zélés gardes nationaux, c'est le peuple des banquiers, croupiers, bouts de table, inspecteurs, etc., etc., dont le *travail* se borne à répéter, d'un accent monotone, quelques mots innocens : *Faites votre jeu ; le jeu est fait ; rien ne va plus ;* qui tuent le sourire sur les lèvres, et qui dorment sans entendre siffler à leurs oreilles des balles de pistolet et des râlemens de noyés.

L'histoire de nos modernes jeux publics en

France, appartient presque entière à Paris : c'est à peine si quelques rares et courtes apparitions sont venues signaler à nos grandes villes les merveilles de la roulette et du biribi. Les lois, et plus efficace qu'elles la solicitude des administrateurs provinciaux, ont mis opiniâtrément obstacle à la propagande. La police de la capitale n'a pas ces paternels scrupules. C'est d'ailleurs une ville si besogneuse que Paris !

Nos bien-aimés monarques, blasés de femmes, d'adulations, de puissance, recoururent à la distraction du jeu : on jouait dans les voyages de cour, et chacun sait comment Louis XV se fit une réputation d'avarice pour avoir voulu ramasser quelques louis tombés de la table de jeu, et comment le duc d'Orléans l'éclaira pendant cette bourgeoise recherche, en allumant un paquet de billets de caisse. Ces cadets font toujours pièce aux aînés !

Marie-Antoinette, femme ardente, avide d'émotions, avait mis le jeu en vogue à la cour de l'honnête Louis XVI. On y jouait des monceaux d'or, comme pour se préparer à y jouer un trône. Les sieurs de Chalabre et Poinçot furent nommés banquiers du jeu de la cour : c'est dans un cercle de dames de qualité, de grands seigneurs, de princes du sang, qu'ils remplissaient leurs honorables fonctions. La chronique ne nous dit pas si, comme le riche traitant Samuel Bernard, ils oubliaient des rouleaux d'or dans la gorge des duchesses; mais elle nous apprend qu'à ces resplendissantes réunions, les moins malhonnêtes gens, peut-être, étaient encore ces banquiers intrus qui donnaient à jouer.

« En 1778, pendant le jeu de Marly, un homme de qualité substitua un rouleau de louis faux à un rouleau de louis véritables. Les duchesses filoutaient à ce jeu, comme au temps de Louis XIV et de Louis XV. On raconte que *Madame* disait aux banquiers : *On vous friponne bien, messieurs.* Ces banquiers, pour obvier autant que possible aux escroqueries dont ils étaient la dupe, imaginèrent de border la table de jeu d'un ruban, et de déclarer qu'on ne regarderait comme engagé que l'argent mis sur la table au-delà du ruban[1]. »

La cour qui avait jeté la prostitution à la ville, compléta son œuvre en lui jetant la fureur du jeu. C'est vers la fin du règne de Louis XV que des maisons privilégiées par la police s'établirent à Paris pour la première fois. M. de Sartines en toléra l'ouverture, sous le prétexte de rassembler et de tenir sous la main tous les chevaliers d'in-

[1] Dulaure, *Histoire de Paris*.

dustrie de la capitale. Les priviléges furent accordés à des femmes, et à quelles femmes! Écoutons un contemporain qui, dans le style crû de l'époque, nous dévoile ces souveraines de tripot, ces présidentes de biribi, comme il les appelle.

« C'était une *Lacour*, fille du laquais du président d'Aligre, qui l'avait créée et mise au monde pour les menus plaisirs de son maître. C'était une *Demare* qui, servante de cabaret, avait pris de bonne heure le goût de tenir table ouverte. C'était la *Cardonne*, blanchisseuse à Versailles, qui, mère à treize ans, après avoir demeuré long-temps ou sur des chaises d'allées ou dans des fiacres, devint le bras droit d'un parlement. C'étaient les *Dufresne* qu'une bouquetière de Lyon étala long-temps comme des fleurs, et qui se vendaient comme des violettes, dont l'aînée surtout, la dryade des Tuileries, persuada à La Vrillière, impuissant comme son père, que de ses regards il lui avait fait trois ducs[1]. »

M. de Sartines, voulant purifier les produits du jeu, décida qu'une somme de trois mille francs serait mensuellement payée par chacune des maisons autorisées, et servirait à fonder des hôpitaux. Dès lors c'était faire une bonne œuvre que de sol

[1] Pierre Manuel, *la Police dévoilée*.

liciter un privilége si profitable aux pauvres. Toute la cour prit ainsi la chose, et ce fut merveille que de voir le touchant empressement que mirent des marquises, des baronnes, charitables dames qui n'avaient rien à elles, pas même leurs charmes, à s'offrir pour aumônières à M. le lieutenant de police, d'autant plus méritantes dans leur dévouement, qu'elles enveloppèrent leur bonne œuvre de la plus discrète réserve. Des complaisans, bailleurs de fonds, assumèrent sur eux la responsabilité de l'entreprise, partageant avec leurs illustres associées la charité et ses profits. Manuel, dans sa *Police dévoilée*, nous a conservé les noms des honnêtes croupiers qui tenaient quinze de ces maisons. Je rappelle ici, pour l'édification de leurs successeurs, la liste de ces héros homériques du *trente-et-un*.

Dufour, rue neuve des Mathurins.
Amyot et Fontaine, rue Richelieu.
Deschamps, faubourg Saint-Germain.
Nollet, rue Richelieu.
Andrieu, au Pont-aux-Choux.
Chavigny, rue Montmartre.
Delzène, rue Plâtrière.
Pierry, rue Cléry.
Barbaroux, rue des Petits-Pères.

Herbet, au café de la Régence.
David et Dufresnoy.
Odelin, rue Neuve des Petits-Champs.
Latour, rue Feydeau.
Bouillerot, à l'Arche Marion.
Boyer et Remy, rue Richelieu.

Le chef suprême de ces tripots privilégiés était un sieur Gombaud, qui donnait également à jouer dans son hôtel.

A côté de ces maisons de jeu patentées, d'autres s'élevaient qui, ayant pour souteneurs des grands seigneurs ou leurs laquais, narguaient MM. de Sartines et Lenoir, et s'affranchissaient de l'impôt de 3,000 francs, moyennant quelques amiables redevances à la police de bas étage. Parmi les brelandières qui réunissaient chez elles *les veuves de colonels* du temps, on cite une dame de Selle, rue Montmartre, une dame de Champeyron, rue Cléry, une dame de La Salle, place des Victoires, une dame de Fontenille, rue de l'Arsenal. Les hommes mêmes et les plus qualifiés s'en mêlaient en personne : le comte et le marquis de Genlis tenaient maison, l'un place Vendôme, l'autre rue Bergère. L'ambassadeur de Venise, le chevalier Zéno, exploitant au mieux l'inviolabilité de son hôtel, y ouvrait un double tripot, l'un dans de superbes salons, pour les courtisans et leurs maîtresses, l'autre, dans un local plus modeste, pour les bourgeois et les marchands. Ce dernier repaire, qui fit d'innombrables victimes, fut appelé l'*enfer*.

Le Parlement, informé de ces désordres, crut devoir y mettre un terme. M. Lenoir fut mandé à sa barre et sommé de donner des explications. L'avocat général, M. Séguier, fit un éloquent réquisitoire dans lequel il insista fort sérieusement sur cet inconvénient du jeu, *de réduire les citoyens de toutes les classes à une honteuse égalité et de confondre tous les rangs*. C'était par trop d'honneur fait au jeu, et dix ans plus tard, l'homme du roi eût trouvé là une phrase toute faite contre la révolution française.

L'arrêt fut rendu le 20 février 1781, princes et pairs séans en cour; il porte très-expresses inhibitions et défenses à toutes personnes de quelques conditions qu'elles soient, de tenir et de jouer aucun des jeux dont les chances sont inégales, condamnant les banquiers au fouet et au carcan, enjoignant aux propriétaires de ne pas prêter leurs maisons sous peine d'amende. Ordre au magistrat si *des personnes de crédit et d'autorité* lui demandaient des permissions, d'en référer aussitôt et directement à la cour, etc.

Ces dispositions sévères, renouvelées de nombreuses ordonnances antérieures, ne mirent qu'un obstacle momentané à la fureur du jeu. Dans cette bourbeuse société de la fin du dix-huitième siècle, tous les ressorts politiques étaient usés, et la morale par arrêt n'était encore qu'un mot sans valeur. De nouveaux priviléges furent accordés par la police, qui, cette fois plus avide, se réserva, indépendamment de l'impôt des pauvres, les cinq huitièmes du bénéfice net. L'auteur de *la Police dévoilée* nous a conservé l'état des perceptions faites dans une de ces maisons. Les cinq huitièmes s'élevaient pour trois ans et cinq mois à la somme de 218,823 francs. Il y a tout lieu de croire que la police, qui touchait ces produits du jeu, n'en rendait pas compte.

Ainsi durèrent les choses jusqu'au moment de la révolution, le parlement rendant de temps à autre des arrêts illusoires, et les maisons de jeu se multipliant sous l'aile de la police et de messieurs du parlement.

Le rigorisme des réformateurs de 89 ne pouvait se prêter à ces compositions qui toléraient et autorisaient les tripots. Une loi de 1791 les proscrivit, et depuis lors, il faut le dire, ce ne fut jamais par la connivence de la police que s'établirent les maisons de jeu. Un fait assez curieux, c'est que, lors des premières poursuites dirigées contre ces établissemens, les banquiers eurent pour chaleureux défenseur Camille Desmoulins, qui publia en leur faveur plusieurs mémoires. Brissot lui répliqua vertement dans sa feuille, et peut-être faut-il faire entrer ce mince événement dans les causes qui ont déterminé la position politique de Camille, chez lequel il y avait tout au plus l'étoffe d'un girondin.

Cependant les maisons de jeu ne cessèrent pas d'exister, mais clandestines et en défiance perpétuelle de la police, qui les traquait sans relâche. Leur organisation fut singulière : comme elles n'avaient pas à demander à l'autorité aide et protection, elles se protégèrent elles-mêmes. Des breteurs habiles et dévoués, des employés aux formes athlétiques y furent attachés pour faire raison des spadassins qui auraient voulu rançonner la partie, des voleurs qui auraient voulu la piller à force ouverte. C'était un retour complet au droit naturel. D'autre part, comme le privilége n'existait plus, comme le monopole n'était pas créé encore, les intéressés aux diverses parties s'efforçaient d'allécher les chalands par l'appât de quelques avantages : dans certaines maisons, on annulait pendant un temps donné, la chance profitable à la banque; dans d'autres, on la remplaçait par une chance moins défavorable aux pontes. On faisait de la concurrence.

Il en fut ainsi jusqu'à l'ère impériale. Napoléon, qui centralisait tout, voulut aussi avoir sous la main les maisons de jeu. Il y trouvait de plus l'avantage de donner à la ville un revenu considérable, perçu sur des contribuables volontaires. L'organisation qu'il établit subsiste encore. Pour les maisons de jeu, comme pour les rouages de l'administration et de la police, nous en sommes toujours aux erremens impériaux.

A des époques fixes, la ferme des jeux est mise en adjudication publique. Des soumissions cachetées sont adressées à la préfecture de la Seine, et celle qui offre le bail le plus élevé est préférée, lorsqu'elle remplit d'ailleurs toutes les conditions de cautionnement et de garantie. Le matériel de l'administration précédente passe alors, sauf indemnité, aux mains du nouvel adjudicataire qui, d'habitude, s'arrange aussi du personnel.

Depuis que le régime des adjudications est en vigueur, plusieurs fermiers ont successivement exploité les jeux de Paris, avec des conditions et des chances diverses, et tous, on le pense bien, ont réalisé à ce métier d'énormes bénéfices. On a fait cependant une curieuse remarque, que je reproduis ici, non comme fait providentiel, mais comme singularité. Ces fortunes colossales si rapidement élevées, ont croulé à peu près toutes avec une inconcevable rapidité. Un des premiers fermiers, le sieur Davelouis, est mort dans la misère; les frères Perrin sont tombés de l'opulence dans une position voisine de la médiocrité; M. Boursault-Malherbe a enterré l'argent des boues de Paris dans les serres de son jardin, *le plus beau jardin de l'Europe*, l'argent de la ferme des jeux dans le splendide désert du théâtre Ventadour; M. Bernard, le plus favorisé des adjudicataires, celui qui a eu le bonheur de faire rendre gorge, en 1814 et 1815, à nos amis les ennemis, a vu disparaître ses millions dans des spéculations de bourse; enfin, M. le marquis de Chalabre, ce Nestor du *trente-et-un*, a laissé le produit de sa dernière ferme dans des affaires d'achat de terrain. Ces désastres s'expliquent par l'habitude qu'avaient contractée ces messieurs d'affronter les chances aléatoires. Elle a dû subsister alors même que les avantages qui leur assuraient de constans bénéfices avaient disparu. Ils ont cherché ailleurs l'émotion du gain; et, joueurs dépossédés du *refait de trente-et-un et des zeros rouge et noir*, ils ont subi le sort des joueurs.

La ferme actuelle est concédée au prix de 6,500,000 francs, qui sont versés au Trésor par l'intermédiaire de la ville, et qui figurent au budget de l'État, pour ramener à la chambre des députés une discussion stéréotypée de morale publique. La compagnie adjudicataire doit en outre tenir compte à la ville des trois quarts de ses bénéfices nets, c'est-à-dire déduction faite du prix de la ferme et des frais d'exploitation, qui sont évalués à 1,500,000 francs. Pour garantie de la fidélité des fermiers et de leurs agens, la ville a des inspecteurs secrets qui surveillent les parties, et des contrôleurs spéciaux qui ont une double clef des caisses de chaque maison, et qui viennent tous les soirs clôturer le bilan de la journée.

Il existe en ce moment à Paris huit maisons de jeu :

Quatre au Palais-Royal, sous les n°s 154, 129, 113 et 36,

Une rue Marivaux, n° 13,

Une rue du Bac, n° 31,

Une à Frascati, rue Richelieu.

Une au grand salon, rue Richelieu.

La partie de la rue du Bac qui se tenait précédemment rue Dauphine et rue Saint-André-des-Arcs, avait été supprimée lors de la dernière adjudication, en 1829. Elle a été rétablie en 1832, pour la plus grande commodité de messieurs les étudians, et sans doute en considération des pertes momentanées qu'avait causées à la ferme le resserrement des capitaux après la révolution. C'est sans doute aussi par ce dernier motif que certaines maisons qui n'ouvraient qu'à trois et quatre heures, ont été autorisées à ouvrir à midi. Il paraît qu'on ne redoute plus les coups de tête des garçons de caisse.

Les jeux établis dans ces diverses parties sont le trente-et-un, la roulette, le craps et le creps; ces deux derniers ne se jouent qu'à Frascati et au Salon. Les maisons n° 113 au Palais-Royal et rue Marivaux n'ont que des roulettes. Le passe dix et le biribi ont été supprimés, comme donnant à la banque un trop énorme avantage. Le pharaon, qu'on taillait encore en 1815, a également disparu.

L'avantage de la banque au jeu de trente-un est d'environ un et demi pour cent par coup. Cet avantage à la roulette est de 2 2/3 pour cent dans les chances simples, et de plus de cinq pour cent dans les chances composées.

Il y a, dans les huit maisons, dix-huit tables de jeu en activité pendant douze heures, terme moyen.

Les frais de la ferme sont évalués à 21,500 fr. par jour. Pour y faire face, chaque table aurait à fournir un peu moins de 1,200 francs.

En douze heures, chaque table donne à jouer une moyenne de 1,500 coups : pour que les 1,200 fr.

soient atteints, il faut que chaque coup produise 80 centimes de bénéfice.

Or, l'avantage de la banque étant, terme moyen et au plus bas, de 2 pour cent par coup, ses frais seront réalisés, si une somme de quarante francs figure à chaque coup sur le tapis. Je ne tiens pas compte dans ce calcul des écarts du jeu qui peuvent être contraires comme favorables à la banque.

Il y a une hiérarchie d'étiquette en usage dans les maisons de jeu. On y veut bien l'argent de tout le monde, mais on veut que chacun le perde en lieu convenable. Ainsi la maison du Palais-Royal, n° 113, qui jouit d'une si lugubre renommée, est spécialement assignée aux joueurs de bas étage. On y admet tout ce qui s'y présente. Quelques joueurs de province s'y fourvoient à leur arrivée à Paris, mais s'ils ne succombent pas à la première épreuve, de charitables indications les dirigent bientôt vers les autres maisons du Palais-Royal ou vers le brillant Frascati. Ils ont alors l'agrément de perdre leur argent en meilleure compagnie.

Les joueurs qu'on relègue au 113 sont impitoyablement exclus des n°^{s} 36 et 129. Ils n'ont de commun avec les habitués de la première de ces maisons, que l'avantage d'être protégés par des gardes municipaux ; avec les habitués de toutes deux, que le verre d'eau claire et de petite bière, ou soit les rafraîchissemens.

La société du n° 154 est d'un cran plus élevée. On n'y est admis que sur une sorte de présentation. Le verre d'eau sucrée y circule. On y trouve une table de trente-et-un, dite *la table de l'or*, parce qu'on n'y joue que de l'or ou des billets.

Les salons de Marivaux et du Bac sont pacifiques comme des réunions de famille : on y devise avec les banquiers, et quand on leur a payé son tribut, on y lit paisiblement les journaux.

Frascati, si renommé par ses anciennes fêtes, est aujourd'hui le seul établissement de jeu où les femmes soient admises. Ce sont des fleurs un peu fanées qu'on jette sur les pas des élégans habitués. Une joueuse est une laide chose à voir : sa figure se contracte, ses muscles se crispent, son sein se gonfle, ses tempes s'allument; elle a une joie féroce ou de la peine ignoble; c'est qu'elle est âpre à la curée, esclave de son impressionnabilité, désespérée et couarde; c'est qu'elle n'a pas de ces viriles résolutions qui font supporter avec un magnanime dédain le gain et la perte, et qui, concentrant vers le cœur tous les orages désordonnés d'un sang qui bouillonne, ne permettent pas à la poitrine de se gonfler, à la bouche de se déprimer ou de sourire, au front d'altérer d'une ride l'imposante puissance de son calme. Aux femmes, les douleurs qui s'écoulent avec des larmes, les joies qui se répandent en folles extases, en tendres épanchemens, les douleurs et les joies qui font belles! à elles, le chevet des mourans ou l'éblouissant tourbillon des fêtes! à elles Frascati dansant, parfumé de fleurs, étincelant de girandoles, se mirant aux mille reflets de ses jardins enflammés, ses jardins que va déshonorer la truelle du maçon! A l'homme, les émotions fortes, les douleurs qu'on garde et qui tuent, les joies qu'aucun muscle ne trahit! à lui Frascati, avec ses longs tapis verts, sillonnés de bandes rouges, avec ses banquiers monotones, avec ses monceaux d'or! à lui le jeu et ses tempêtes!

Le secret du grand salon n'est point livré aux profanes. La société qui le fréquente est prise dans la haute aristocratie indigène et exotique. Sous la restauration, des seigneurs titrés, des diplomates voulaient bien, moyennant finance, faire les honneurs de la réunion. Un ambassadeur accrédité près de notre cour, cumulait avec ses fonction publique, celle de maître des cérémonies de la ferme des jeux. Cette dernière charge n'était pas la moins lucrative. Etait-elle la moins honorable? Figaro, c'est-à-dire Beaumarchais, n'eût pas dit oui.

Chaque maison de jeu a un ou deux chefs de partie, des tailleurs, des croupiers, des inspecteurs, des bouts de table. —Depuis quelque temps, le bout de table se fait rare, on le réforme pour cause d'économie, et c'est grand dommage. C'était une honnête vétérance pour les serviteurs blanchis sous le harnais : c'était pour l'observateur une collection des plus curieuses caricatures. Il y avait là des perruques comme on en voyait encore au temps du directoire, et des figures comme on n'en a vu nulle part; et puis leur emploi modeste, n'occupant qu'une mince portion de leur intelligence, leur permettait de se populariser d'une façon tout-à-fait aimable, et de communiquer familièrement à leurs voisins leurs profonds aperçus sur la marche des tailles et sur les variations de la politique.

Tous les mois un roulement s'opère dans la ferme des jeux : les banquiers et croupiers changent de maison. Tel qui faisait tourner la boule à Frascati, en présence d'un cercle fashionable, va descendre aux mêmes fonctions auprès des joueurs étriqués du 113. C'est merveille de voir comme la différence de local modifie soudain la physionomie. Un employé des jeux nuance son ton, ses inflexions de voix, son visage, selon la partie à laquelle il est attaché. Il est tour à tour soupçonneux et raide au 113, froid et poli à des degrés différens, dans les maisons intermédiaires, gracieux et coulant à Frascati et au Salon. Il faut dire aussi que, si dans ses accès de mauvaise humeur le joueur élégant brise tout au plus un rateau, le joueur rapé du 113 a quelquefois plus que des injures à lancer au banquier qui lui arrache sa dernière monnaie. Rendons cette justice à l'administration : nulle part, en chrétienté, on n'a pratiqué comme elle l'évangélique maxime de l'oubli des injures.

Un mot d'autres personnages qui ne sont pas sans importance, ce sont *les messieurs de la chambre et les messieurs des chapeaux*. Les uns, préposés à la police intérieure, fournissant abondamment aux pontes des cartes, des épingles et des verres de bière, imposant silence aux bavards, et prêts à saisir au collet les récalcitrans : les autres placés dans l'antichambre, recevant les cannes et les chapeaux, contrôlant la barbe et le costume des nouveau-venus, arbitres des exclusions, sauf appel au chef de partie : tous d'habitude complaisans envers les joueurs aisés et disposés à leur venir en aide, sur bonne et valable garantie.

J'arrive aux joueurs, aux héros et aux victimes de ces maisons, contribuables bénévoles de l'Etat et de la ferme, dont on paie de tant de dédain et de colère la stoïque abnégation. Il n'en est pas un qui ne sache quelle lutte inégale ils viennent affronter, combien est longue la liste nécrologique de leurs devanciers, et combien peu sont sortis debout et vainqueurs de l'arène. Eh bien, tous ont foi encore en leur audace ou en leur prudence, tous s'illusionnent à merci, et ils avancent dans le gouffre, et ils y tombent, se succédant les uns aux autres, comme ces générations d'insectes qui n'ont pas même une saison.

Audace ou prudence, voilà les deux guides entre lesquels se fait le choix de l'homme qui se jette dans une entreprise hasardeuse. Le jeu a ses Annibal et ses Fabius Cunctator.

Les premiers, les joueurs hardis, *les brûleurs*, sont de véritables types. Ils n'ont pas la vie longue, leurs revers et leurs triomphes sont instantanés comme la pensée. Ceux-là regardent en mépris l'argent, l'or, les billets qui s'amoncèlent devant eux; car ce n'est pas cela qu'il leur faut, c'est tout l'or, tous les billets qu'enserre la banque, encore quand ils l'auront puisée : ce sont des millions ! voyez comme toute la galerie est silencieuse et béante ! comme tous les yeux se fixent avidement sur une froide et calme figure ! comme ils interrogent ce masque impénétrable pour lui demander compte des inexprimables sensations qu'il maitrise! Au milieu de cette tourbe de spectateurs, joueurs ruinés, au cœur dur et sec, comme le noble joueur provoque la sympathie! s'il perd son grand coup, son visage est le seul où le désappointement ne se peint pas : s'il gagne, on dirait que chacun de ces pauvres diables vient de mettre en poche l'écu du dîner, c'est un murmure de satisfaction, ce sont des applaudissemens qui se narguent des criardes recommandations des messieurs de la chambre.

Presque tous ces joueurs périssent à la peine ; mais ils ont eu, dans leur indicible étreinte, les furieuses joies que donne le jeu. C'est une vie d'un jour, mais quelle vie!

Ces hommes d'énergie sont rares, et la banque ne regrette pas cette rareté : elle s'effraie de leur audace qui, par momens, égalise le jeu. Plus d'une fois elle a subi ainsi des échecs terribles que l'insatiabilité des joueurs n'est pas toujours venue réparer. Si un Chabot, si beaucoup d'autres ont rendu *aux refaits de trente-un* des millions conquis par l'audace, quelques uns, comme le cafetier de Strasbourg, ont pris la poste avec des centaines de mille francs qu'ils ne rendront pas.

Une autre classe de joueurs fournit à la banque un personnel bien plus nombreux et bien plus maniable. Ce sont les joueurs prudens, timorés, *les carotteurs*, comme on les appelle. Ceux-là ont une patience et un sang-froid angéliques : le jeu est pour eux un vrai métier; pauvre métier! La journée entière, la tête courbée sur la table, ils ont des épingles à eux, enchâssées dans des manches d'ivoire, d'autres épingles avec des pavillons, une carte bariolée de calculs et de signes algébriques, d'autres cartes préparées pour pointer les coups, et soigneusement étendues sur un coussinet : à côté d'eux s'élève une petite pile d'écus. Ils ont une marche arrêtée, ils sourient dédaigneusement au jeu de leurs ignorans voisins, ils calculent toutes les chances, toutes les probabilités, enfin, sûrs de leur fait, ils lancent hardiment leur écu, et.... ils perdent. Le coup qui ne devait jamais arriver, se présente tout exprès pour leur faire pièce !

Parmi les joueurs de cette espèce, on a particulièrement remarqué un homme qui martingale depuis vingt-cinq ans avec un avantage marqué. C'est que cet homme réunit à un haut degré le sang-froid et l'énergie, et que le hasard qui s'est joué des combinaisons des autres, l'a constamment favorisé. Ce joueur qui se résigne courageusement à perdre des cinquantaines de mille francs dans sa soirée, ne paraît pas aussi résigné à laisser friper son habit bleu à boutons d'or. Il faut voir avec quel soin touchant il place ses gants sur le dossier de sa chaise pour adoucir le frottement de son Elbœuf, et comment il déploie son mouchoir blanc sur ses genoux pour que son pantalon de nankin ne soit ni coupé ni sali. Cette ponte gagne au moins cinq cent mille francs à la banque.

Les plus curieux habitués des salles de jeu sont ceux qu'on désigne sous le nom de *professeurs*. C'est une population à part et qui subit peu de variations. Ces hommes ont traversé toutes les phases de la vie des joueurs, leur dernier écu y a passé; ils vivent toujours on ne sait de quoi ni comment : ils sont encore strictement vêtus, bien brossés surtout. Dès que l'heure sonne, ils arrivent autour du tapis vert, donnant aux messieurs de la chambre des poignées de main d'amitié. Là leur rôle commence : ils assistent en amateurs blasés au spectacle des défaites d'autrui : ils épient finement les visages, cherchant un signe d'incertitude et de découragement. Ils flairent d'une lieue le provincial qui apporte au jeu son innocence et son or : ils s'approchent de lui, ils le conseillent bénévolement et à demi-mot, ils s'apitoient sur sa mauvaise chance ; ils ont toujours deviné les coups à l'avance. Que d'argent on pourrait gagner avec une autre marche! si le provincial leur répond, s'il hoche seulement la tête, il est à eux. Bientôt vous voyez le professeur s'asseoir, demander bruyamment une carte et un verre de bière, et disposer symétriquement ses masses. Il joue, il couvre d'or le tapis, son bailleur de fonds le regarde faire, ne veillant pas toujours aux mains : qu'il est beau et grand joueur, notre habile homme, avec l'argent du voisin! Si le sort le favorise, s'il a conquis à la banque un billet ou deux, il sort en triomphe, et remet fidèlement à son associé les fonds dont il est nanti, moins la moitié, le tiers ou le quart du bénéfice, qu'il s'adjuge, s'invitant lui-même par dessus le marché à dîner avec son nouvel ami dont il ne sait pas le nom. Le lendemain la connaissance est faite et la séance est reprise : mais la fortune ne seconde pas toujours notre professeur, et l'heure arrive où le gousset du provincial est à sec. Bon voyage, à un autre!

Le maître-ès-arts de trente-un perd religieusement de son côté les quelques louis qu'il a écornés au gain de son ami. Il reprend alors son rôle philosophique d'observateur, jusqu'à ce qu'il ait de nouveau trouvé une bonne âme qui mette à profit ses petits talens.

Parmi ces professeurs, on n'en cite pas deux qui aient économisé quelque chose sur ces grapillages. Il en est aussi étriqués à présent qu'au jour où ils ont commencé leur métier, qui ont tiré ainsi plus d'un million à de bonnes âmes. Le jeu a tout repris.

C'est à ces messieurs qu'il faut s'adresser pour avoir le nécrologe des joueurs : ils savent au mieux toute la partie anecdotique de l'histoire des jeux. Ils vous diront depuis quelle époque la banque fait jouer au trente et quarante sur les deux chances, en quel temps l'italien Cantini introduisit dans ce jeu le petit tableau, dit *la couleur et l'inverse*. Ils vous raconteront mille traits facétieux où fripons qui ont égayé le sombre aspect des salles de jeu ou désappointé la banque dont ils sont les ennemis nés, à moins qu'elle ne les paie. Je me bornerai à citer deux de ces anecdotes qui compléteront cette esquisse.

Sous l'empire, je ne sais quel général jouait un soir dans une des maisons du Palaïs-Royal. Il avait mis sur le tableau un rouleau cacheté, absolument semblable à ceux qui renferment 25 doubles louis. Il perdit plusieurs coups, et chaque fois il remettait à la banque une somme en or, égale à celle que le rouleau était censé contenir. Le rouleau momentanément repris était toujours remis sur la table. Vient un coup de gain, le banquier lui présente cinquante louis; mais le joueur refuse, et exige que le rouleau soit ouvert et qu'on lui en paie le contenu. L'enveloppe est défaite, et on trouve 60 mille francs en billets de banque artistement pliés. La banque se refusa au paiement, se prétendant victime d'une fripponnerie. Une vive discussion s'éleva : le fermier intervint, et fit payer les 60 mille francs. Mais depuis cette époque, on inséra dans les réglemens du jeu la clause suivante : *l'or et les billets ne peuvent être joués qu'à découvert,*

Voici l'autre anecdote : Le général Blucher, de prussienne mémoire, était passionné pour le jeu. Il fréquentait très-assidûment les hauts salons de la ferme, à l'époque de l'occupation. Ses pertes étaient considérables; mais, par un procédé de Pandour, le général trouvait souvent le moyen de se faire restituer le matin ce qu'il avait perdu la veille. Notez que son fils, aussi joueur que lui, et se défiant de l'étoile de son père, jouait d'habitude la chance contraire, et gagnait ce que perdait Blucher. Le vieux Prussien aimait à jouer le pharaon, il y était fort malheureux, surtout lorsqu'un vieux tailleur à perruque blanche, le sieur B...., tenait les cartes. Impatienté de perdre, Blucher déclara un jour énergiquement que, si l'homme à la perruque blanche lui gagnait encore son argent, il le ferait sauter par les fenêtres. Bientôt après, le sieur B..., qui avait entendu la menace, se met à tailler : Blucher perd, il perd encore. Alors tout d'un coup il s'écrie : *qu'on ouvre les fenêtres*. Les spectateurs étaient ébahis; il y eut un moment de trouble, et le Méphistophélès du Prussien s'esquiva. Les fenêtres ouvertes, Blucher appelle *la perruque blanche, où est la perruque blanche?* Personne ne répondit, et l'on se remit au jeu. Mais aussitôt la perruque blanche reparaît, prenant bravement son poste en face de Blucher. Seulement le sieur B.... laissait entrevoir sous ses vêtemens un manche de couteau. Blucher demeura tranquille. L'homme à la perruque blanche, exaspéré par le Prussien, était sorti une fois dans sa vie de son caractère pacifique : il s'était procuré un énorme coutelas dont il voulait ouvrir le ventre du général, s'il faisait mine d'exécuter sa menace.

Je borne là mon esquisse, peu jaloux que je suis d'entamer l'éternelle déclamation philosophico-morale contre les maisons de jeu. De tous les lieux communs qu'on a débités à ce sujet, il n'est ressorti qu'une vérité : ce ne sont pas les maisons de jeu, c'est la passion du jeu qu'il faut détruire. C'est, d'honneur, un étrange rabâchage que ces amplifications rhétoriciennes contre les repaires du jeu, lorsqu'on laisse en paix le plus effréné des tripots, la Bourse. Quelle différence, s'il vous plaît, entre les banquiers du trente-un et les agens de change?

Charles Reybaud.

LES RÉVERBÈRES.

Le Doyen des Allumeurs.

Les siècles marchent vers le perfectionnement de l'état civil, et l'organisation municipale suit anneau par anneau, comme un itinéraire, la chaîne des améliorations.

Nous sommes déjà bien loin de l'époque où il était ordonné à chaque bourgeois de Paris, pour être préservé des attaques des *mauvais garçons*, et de tous *vagabonds portant épée*, de placer sur les fenêtres, après neuf heures du soir, une lanterne garnie d'une chandelle allumée.

Paris nocturne a cessé d'être la voie noire où le citadin, surpris par l'ombre, attendait, pour trouver son logis, que le ciel allumât ses feux d'orage; ce n'est plus le labyrinthe sans étoiles où les chars, les chaises et les tombereaux venaient se briser au milieu des luttes d'hommes et du duel des chevaux.

De nos jours, le dandy convié à de joyeuses réunions jette rapidement l'espace entre son domicile et le lieu du rendez-vous; mais que de fois, en pareille circonstance, faute d'avoir pris un fallot pour guide, il arriva qu'un de nos aïeux se rendit par une nuit de décembre au Louvre ou bien dans la Cité, croyant marcher dans la direction du Marais, où il était attendu pour danser un menuet!

En 1663, le mari qui, à l'issue d'une représentation des comédiens de l'hôtel de Bourgogne, abandonnait un moment le bras de sa femme, courait la chance d'un veuvage subit[1]. En 1833, s'il est encore des maris qui n'y voient pas clair à

---

[1] La société des voleurs mendians enlevait en 1663 dans Paris les hommes, les femmes et les enfans des deux sexes, les tenaient en charte privée pour les vendre et les envoyer,

la sortie des spectacles, ce n'est pas au moins la faute des réverbères.

Une ronde de nuit, il y a cent ans, était une campagne où le guet mis en déroute était obligé, pour se rallier, de jouer une partie de Collin-Maillard. Aujourd'hui une ronde de patrouille est une promenade sentimentale pour un caporal qui a une âme à la Sterne.

Qui pourrait dire tous les bienfaits, les petits secours dus au réverbère considéré comme rayon isolé de cette grande masse de lumière qui fait des nuits de Paris un prolongement du jour?

Le réverbère, c'est l'astre du logis quand il est placé vis-à-vis le seuil de la porte du pauvre. C'est aussi l'étoile du carrefour : en maint occasion on lui demande ses faveurs.

— Mame Geoffret, voyez donc voir si la buralisse du P'tit-Pont ma mise mes numéros comme je le lui ai dit. J'ai confiance dans le 77 et 88; et puis je dois avoir bonne chance à l'ambe, car il m'est venu deux verrues au nez.

— Deux verrues au nez, mame Lambert! mais c'est fameux ça pour la roue de Paris; voyons voir votre mise.

disait-on, en Amérique. (*Registres manuscrits du Parlement au 18 avril 1663.*)

Et le réverbère sert de contrôle au billet que la mère Geoffret n'oserait pas dérouler devant son mari.

Deux ombres glissent rapidement le long des grises murailles de la rue de Vaugirard ! Jeune couple amoureux, la vitesse de sa marche trahit la crainte d'être suivi. Les amans sont déjà loin ; leur cœur se rassure, leur course se rallentit, alors leurs bras enlacés commencent à se parler, leurs mains jointes causent ensemble; ce n'est pas assez, leurs yeux ont aussi quelque chose à dire... Les soupirans passent sous le réverbère.

— Des athlètes en veste se livrent sur la voie publique aux exercices d'une sanglante gymnastique; le sergent de ville brusque le dénouement de ce petit drame improvisé, où le cachot doit être le partage d'un des deux champions. C'est à la lueur du réverbère que le magistrat en chapeau à cornes prendra la mesure de la cicatrice, et verbalisera sur la circonférence du coup de poing.

Fanal secourable, que de fois, après un bal, le reflet du réverbère rectifia la comptabilité d'un automédon de fiacre, ingénieux à substituer la pièce quasi-républicaine de soixante-quinze centimes à la valeur du franc de l'empire !

C'est encore au foyer du réverbère qu'à l'époque des premières amours on vient demander un rayon pour relire dans les rêveries du soir la correspondance du cœur, tendres formules que l'âme improvise et qui se stéréotypent dans la mémoire pour les affections à venir.

C'est sous le réverbère que la jeune mère, pauvre femme d'un artisan malade, pèse d'une main tremblante l'anneau des fiançailles qui de son doigt a passé cinq fois depuis deux ans dans les mains du commissionnaire du mont-de-piété : elle interroge le poids avec inquiétude, l'infortunée ! car chaque grain du métal représente quelques livres de pain pour sa famille.

L'éclairage a ses partisans, les ténèbres ont leurs Séides : je prends parti pour les réverbères, quand ce ne serait que par amour pour les effets fantasmagoriques.

Voyez la grande cité quand elle a jeté sa robe du jour, c'est un nouveau monde, peuplé de nouveaux hôtes qui agissent sur une scène dont le décor a spontanément changé. Emparez-vous de toute sa surface : courez le haut faubourg Saint-Germain, troublez de vos pas son silence de catacombes, qui n'est interrompu que par le bruit de quelques chars qui roulent isolés au milieu de ces larges avenues de maisons sans boutiques. Arrivez, à travers ce désert, au sol du pays latin, là vous

vous coudoyez avec une population d'amoureux et d'étudians qui marchent deux à deux, comme si un tiers était aussi à redouter dans les mystères de la science que dans les secrets d'amour ; refoulez votre curiosité jusqu'aux faubourgs qui avoisinent la Courtille ; là, chaque maison est un atelier, chaque atelier une colonie de travailleurs, bourdonnant essaim qui regagne ses mansardes et attend le dimanche, seule période où il passe de l'état producteur à la catégorie de l'être qui consomme. Suivez cette longue ligne de boulevarts, depuis le Marais, où, devant les théâtres accouplés ensemble, l'industrie populaire se montre sous mille formes ; remontez à la façade Tortoni, carrousel de nuit où les tilburys et les landaus croisent leurs courses et leurs armoiries, et dans toutes les directions de ce pélerinage sur les ponts, sur les quais, sur les places, voyez venir de loin ces longs chars omnibus dont les yeux jumeaux jettent du fond de l'horizon leurs flammes de couleurs diverses ; et puis, arrêtez-vous devant ces grandes ombres des monumens publics qui, tantôt se tiennent immobiles, silencieuses comme des spectres, et tantôt rentrent dans elles-mêmes, puis s'allongent comme un ressort, et se balancent au bruit du vent qui pleure.

Ces effets de lumière, ces impressions que les

âmes rêveuses cherchent dans les nuits de Paris, ne sont pas dus exclusivement aux flambeaux du ciel qui promènent sur la grande cité leur chevelure ondoyante et lumineuse. La déesse de la nuit a des comptes de retour à régler avec les réverbères. Entre eux et elle il y a partage d'illusions d'optique, tous deux sont en collaboration pour les effets magiques de la nuit. Le réverbère a cet avantage encore sur la brillante Phébé, qu'il n'a pas ses caprices ni ses absences, et qu'il est toujours prêt à verser sa lumière, même quand l'inconstante fille du ciel boude le globe.

Si nous vivions encore aux siècles qui divinisaient toutes les découvertes utiles et déifiaient les hommes grands par leurs services, l'entrepreneur de l'éclairage de Paris serait forcé bon gré mal gré d'accepter un logement dans l'Olympe, et la poésie nous jetterait sa plume d'or et de perles pour esquisser le palais où M. Costa fait construire son principal réservoir de clarté; nous parlerions de vases artistement faits avec le cœur du frêne, où des flots d'une liqueur d'or se renouvelleraient sans cesse; nous parfumerions le colza d'ambre et de myrrhe. Et Mouton ! Mouton, doyen des allumeurs de réverbères ! quelle métamorphose ne subirait-il pas, si Homère et Virgile renaissaient ! Une tunique de grand-prêtre et une auréole de feu seraient le symbole inévitable de son ministère; nous perdrions bientôt de vue ses culottes courtes et son bas chiné, qui, droit et bien tiré, descend perpendiculaire dans un soulier à larges boucles. La fiction exilerait les petits cercles d'or qui pendent à ses oreilles, et la queue qui balaie son épine dorsale de son mouvement de va-et-vient, et ses ailes de pigeon crêpées et poudrées, malgré la voix du siècle, qui fait *hourra* contre cet ornement. A défaut d'apothéose et d'immortalité, il faut que Mouton se contente de quelques minutes de célébrité que ma prose va tenter de lui conquérir.

Mouton, aujourd'hui doyen des allumeurs de réverbères, est âgé de soixante-six ans. Son père, allumeur lui-même, le voua aux lanternes en naissant, l'enfant en grandissant n'a pas renié le vœu de son père. Il fit ses premières études sous les lanternes du duc d'Orléans, père du roi régnant, c'est vous dire que, si Mouton était ambitieux, il pourrait aussi bien que le cuisinier de Napoléon écrire des mémoires; il aurait trouvé probablement un éditeur. Mais Mouton ne pouvait se laisser aller à cette soif de célébrité littéraire. Le temps lui manque, il trouve déjà la vie trop courte pour remplir le mandat dont il s'est chargé, celui d'éclairer ses concitoyens; car ce n'est point en ouvrier, mais en artiste, que Mouton s'acquitte de ses fonctions. C'est par inspiration qu'il agit ; il allume par vocation, comme d'autres écrivent, sculptent ou dessinent. Le réverbère est son dieu, et l'huile son élément.

C'est sous M. Tourtil Saugrain, entrepreneur d'éclairage de la ville de Paris, que Mouton a commencé ses premières armes, ou plutôt ses premières mèches ; aussi le nom de ce spéculateur vient-il fréquemment à la mémoire du disciple, c'est l'accompagnement obligé de toutes ses conversations. Mouton se rappelle M. Tourtil, comme un vieux soldat garde mémoire de son drapeau et de son général. C'est qu'il faut dire aussi que ce nom porte avec lui un souvenir de la marche progressive de l'éclairage ; c'est à M. Tourtil que l'on a dû le nouveau système de réverbères qui a remplacé ces lanternes à quatre faces dans lesquelles brûlaient des chandelles à double mèche [1].

Dans mon enfance, dit Mouton dans son langage technique, je prévoyais qu'un jour viendrait

---

[1] L'auteur de l'*Histoire de Paris* dit que c'est M. Bourgeois de Châteaublanc qui substitua les réverbères aux lanternes. En matière d'éclairage, j'adopte de préférence l'opinion de Mouton, j'en demande pardon à M. Dulaure.

où le *colza ferait son feu*. En vérité, ajoute-t-il, Paris méritait d'être mieux éclairé qu'il ne l'était. Les prévisions du jeune allumeur ne tardèrent pas à se réaliser, et ce fut le plus beau jour de sa vie que celui où il vit un réverbère à bec balancer ses feux sur la corde en guirlande. Depuis ce temps, un service régulier s'est organisé, les améliorations se sont succédé plus ou moins rapidement, le consulat, l'empire, la restauration ont fait varier le modèle du récipient lumineux, la forme des lanternes a changé presque aussi souvent que la cocarde de nos soldats; enfin le réverbère, franchissant les époques des révolutions qui souvent l'ont mutilé, est arrivé en 1833, où nous le voyons s'appuyer sur une chaîne de laiton qui remplace la corde, et projeter quatre langues de flamme à travers une enveloppe de glace taillée à facettes sexangulaires.

Au signal donné, 249 sylphes légers auxquels je coupe les ailes, que nous appellerons simplement en style bourgeois des allumeurs, partent des divers points que l'entreprise d'éclairage a établis comme entrepôts, et en 45 minutes, cinq mille trois cent vingt-deux réverbères se trouvent allumés. Le prix du bail étant payé par heure et par bec, d'une minute de différence peut venir une perte ou un boni. De là le besoin de vigilance de la part de la partie qui adjuge. La police fait ses marches et contremarches. Dieu fasse que ses fonds ne passent jamais qu'à ceux qui inspectent les réverbères !

Mais suivons Mouton dans sa tourné. Au crépuscule du soir, il sort de l'entrepôt de la rue Gaillon au moment où le contre-maître a donné le signal. Le vieil allumeur n'a plus, comme il le dit, ses jambes de seize ans, ses bras ont aussi perdu de leur force musculaire, et le vieillard pourrait difficilement soutenir le panier de plomb où sont enfermés les instrumens de sa profession. Heureusement l'esprit industriel de Mouton est venu à son aide, il s'est construit une petite voiture à laquelle il confie son bagage, et parcourt ainsi tout le territoire qu'il est chargé d'éclairer.

Après sa tournée faite, le père Mouton pourrait, comme d'autres, aller se consoler avec une pinte de vin de Brie des fatigues du travail, il pourrait aussi lire les feuilles publiques ou faire sa partie de loto; mais des pensées exclusives occupent cette tête-type : ce sont ses réverbères chéris que Mouton veut voir sans cesse. Comme une tendre mère qui veille sur ses enfans, il les couve de son œil, et suit leurs ondulations dans l'espace : jamais amant ne regarda avec tant d'amour les yeux de sa maîtresse; jamais Héro n'interrogea avec plus d'anxiété le fanal du fatal rivage ; jamais Euphrosine ne chercha plus avidement le phare qui éclairait la cellule de Mélidor.

La nuit, Mouton rêve réverbères ; si le cauchemar lui en présente un qui s'est éteint, il se lève, se dresse, bondit sur sa couche jusqu'à ce que, reconnaissant son erreur, il se rendorme de nouveau et se livre aux songes menteurs qui lui retracent la longue suite scintillante de ses astres alignés. Et dès le point du jour, suivez encore Mouton : il part ; voyez-le frotter sa *bande*, passer au blanc sa *lunette* et sa *coquille*, et tourner la mèche en *éventail*. Il est à l'œuvre comme Archimède était à la méditation mathématique. Mouton est un de ces hommes qu'un omnibus brutal peut écraser, mais qu'il ne saurait jamais distraire ; et n'allez pas dire que l'artiste trouve dans le salaire la récompense du travail : il est chargé de vingt-neuf réverbères, à raison de vingt-neuf fois cinq centimes ; mais qu'importe à Mouton la chimère des appointemens ! il est heureux, il aurait dû toujours l'être ; mais quelle est l'âme la plus philosophiquement trempée qui n'ait ses secousses ? Mouton a eu deux grandes peines dans sa vie.

Un soir, il rentre pâle et défait, le désespoir est sur ses traits, des larmes sillonnent les rides de ses joues; c'était lors de la fameuse révolution de juillet, la mitraille avait fait de Paris un champ de carnage...... Chacun se demande si Mouton a éprouvé une perte de parens ou d'amis..... Non, ce n'était ni le jeu mortel des balles, ni la pensée des citoyens qui l'inquiétaient dans ce moment; il ne songeait pas qu'il y avait du plomb et des hommes, mais il venait de faire l'expérience qu'il y avait lutte entre les pierres et les réverbères. Sous ses yeux, les cordes s'étaient coupées, le verre avait volé en éclats... Autant qu'il l'avait pu, Mouton avait cherché à attendrir les briseurs de lanternes; il les avait suivis et avait failli plusieurs fois être victime de son fanatisme, et s'il parvenait à sauver un fragment de réverbère, il sautait, heureux comme s'il eût obtenu pour un condamné une commutation de peine. Trois jours après, tandis que le peuple chantait sa victoire, Mouton levait les yeux au ciel, et soupirait. Pendant une semaine il devint un homme nul. Le désastre fut réparé; il en coûta 200,000 francs à la ville. Quatre mille réverbères neufs furent confectionnés en dix jours, tant le nouveau gouvernement était pressé de voir clair à ses affaires.

Une autre époque fut plus douloureuse encore pour Mouton, elle date de l'année où le gazomètre s'établit à Paris. Mouton avait fait placer depuis quelque temps un jeune homme surnuméraire dans les bureaux d'éclairage ; il donnait déjà de grandes espérances, et promettait de continuer un jour son protecteur... Mais un mauvais génie avait voué cette âme au mal. Interrogez Mouton sur ce sujet ; il vous répond en soupirant : Le jeune homme a bien mal tourné !

Si vous insistez, Mouton fait un soupir comme s'il s'agissait d'une confidence bien importante, et vous dit à voix basse : « Le malheureux a déserté » l'huile, et il a passé au gaz. » Le temps ne peut effacer ce pénible souvenir, il laisse dans l'âme de l'allumeur une teinte vigoureuse de mélancolie. C'est pour se distraire de cette pénible idée que Mouton a cherché à occuper sa pensée même au milieu de ses travaux. Il s'est fait statisticien, la statistique est à la mode aujourd'hui. En Angleterre, on fait le relevé des œufs qu'on mange ; puis on nombre les grains d'orge que consomment les poules de la Grande-Bretagne. Mouton rendrait des points à tous ces calculateurs.

Il vous dira combien il entre d'onces de coton dans la fabrication des mèches qui servent à l'éclairage de Paris.

Il sait au juste qu'il y a 103 réverbères de la barrière du Trône jusqu'au théâtre des Variétés ;

et s'il arrive qu'un artilleur demande à Mouton la distance de Vincennes à la caserne du faubourg Poissonnière, l'allumeur répond : Camarade, si vous passez par la rue des Fossés-Saint-Bernard, comptez 94 reverbères, 3 mèches de commissaire de police, 2 lampions de corps-de-garde, et le quatre-vingt-dix-neuvième bec à droite, vous y êtes. Il vous dira combien il faudrait de lanternes, de livres d'huile et de toises de corde pour éclairer les routes de France et la colonie d'Alger ; à une demi-once près, il chiffrera la quantité de colza nécessaire pour donner aux Bédouins le spectacle d'une ligne de réverbères.

Ces connaissances spéciales en valent bien d'autres. Si l'on crée jamais une place de conservateur des lanternes, ce qui, soit dit en passant, serait aussi utile que celle de conservateur des médailles, j'espère que Mouton obtiendra la préférence.

Maintenant si vous voulez faire connaissance avec Mouton, il ne demandera pas mieux que de répondre à toutes vos questions. En suivant la ligne des lanternes du boulevart Italien à l'arcade Colbert, vous le rencontrerez à toute heure, soit qu'il se trouve dans l'exercice de ses fonctions, soit qu'il exerce son inspection officieuse. Aux détails de signalement déjà donnés, j'ajouterai qu'il porte toujours à la main un petit réverbère-modèle. C'est son hochet, mais hochet utile; il le montre à qui veut le voir; il en isole toutes les parties, les rejoint, explique l'effet physique et mécanique, c'est un cours public d'éclairage, c'est de l'histoire de réverbères mise à la portée des intelligences les plus rétrécies. Avec lui vous apprenez à *conduire* un réverbère *ex professo*, vous savez que la consommation d'huile pour l'éclairage des rues de Paris a été, pour 1832, de 753,566 livres, que le prix actuel du bail est de un centième 670 millièmes par heure et par bec, vous apprenez que le nombre des réverbères de Paris est de 5,322, contenant 12,422 becs, etc., etc.

Mais je dois un avertissement aux amis de la statistique; il faut qu'ils évitent de causer trop longuement avec le doyen des allumeurs, il n'est pas homme à perdre ses heures dans de vaines démonstrations théoriques, il se doit tout à la pratique de son art.

Un jour, le père Mouton avait consenti à faire voir son réverbère à plusieurs convives rassemblés au restaurant du Veau qui tette; les momens s'écoulaient avec rapidité; un vaudevilliste oubliait l'heure de sa répétition, un officier de la garde nationale ne songeait plus à la parade, un avocat feignait de ne pas se rappeler que son client l'attendait sur les bancs de la police correctionnelle; Mouton fut le seul à qui la mémoire vint, rapide comme l'éclair, aussitôt que la pendule sonna onze heures (c'est l'heure à laquelle il commence chaque jour ses promenades pour jouir de l'éclat des lanternes qu'il a nettoyées le matin) : Messieurs, je vous salue et me retire, dit Mouton en prenant son modèle, qu'il couvrit religieusement d'un mouchoir rouge. On voulut retenir le doyen, on flatta ses yeux avec les flots d'un vin de Beaune qui tomba dans les verres, on tira l'allumeur par les basques de son habit, le vaudevilliste lui prit son chapeau, l'officier lui barra le passage avec son épée nue, l'avocat voulut prouver que la pendule avait raison pour la forme, mais qu'elle se trompait pour le fond : Mouton fut inflexible, il se dégagea des obstacles, et, comme les assaillans redoublaient d'efforts pour lui rendre la sortie impossible, le doyen des allumeurs prit la chose au sérieux, il se défendit comme s'il eût été question de sauter à l'abordage. Il s'élança sur la table, renversant et brisant tout, et il menaça de s'élancer par la fenêtre si on ne lui livrait passage. Mouton aurait exécuté sa menace. Jamais amant ne fut fidèle à l'heure du berger comme Mouton à l'heure du réverbère.

Et c'est un acte d'obéissance à une loi physique,

Car :

l'allumeur isolé doit se considérer comme rayon de la lune : rien ne peut donc arrêter son mouvement.

Les convives cédèrent à la force du système planétaire, l'astre prit sa tabatière et son chapeau, et alla commencer sa révolution.

Maurice Alhoy.

COMESTIBLES.

C'est un chapitre majeur dans la société parisienne, et devant lequel s'effacent tous les autres. L'énorme capitale, ce monstre dont Gargantua n'est que la charge en miniature, et pour lequel il faudrait un narrateur plus hyperbolique que Rabelais, si l'on essayait d'en raconter pittoresquement les festins, met le reste de la France et le reste du monde en réquisition, pour suffire à son effrayant appétit. Le texte de la Bible, interprété par les pinceaux de l'anglais Martynn, vous a semblé renchérir sur l'emphase des Mille et une Nuits dans la pompeuse description des symposies de Balthazar; que direz-vous donc, je vous prie, de ce million de convives accourus des quatre points cardinaux pour se mettre quotidiennement à table entre nos cent barrières, sous la surveillance du génie de l'octroi, qui réveille à son tour et sur ce point deux autres génies bien dignes en vérité d'un semblable émule, la contrebande et la falsification? On ne créera point d'image assez forte pour figurer sur des proportions honnêtes ce banquet sans fin qui n'a pas d'heure fixe, qui dure à toutes les heures du jour et de la nuit. Eh bien, l'histoire spéciale du convive n'est rien par elle-même : il y a sur le globe trois nomenclatures de gens sobres qui se privent à peu près de tout dans un espoir éloigné de fortune, et dont l'affaire essentielle est de procurer des indigestions à la bonne compagnie des métropoles; interpositaires des diverses denrées qu'ils demandent à tous les climats; propriétaires et fermiers qui surveillent la terre, les airs et les eaux; esclaves, journaliers et manœuvres, réduits au salaire le plus chétif lorsqu'ils ont un salaire. De prime abord, et s'il fallait tout dire en pénétrant dans ce chapitre sans bornes; s'il fallait dire, par exemple, le marin et le voiturier; la culture, la chasse et la pêche; puis les ilotes par légions qui dépensent des tonnes de sueur pour que nous fassions commodément une station plus ou moins longue chez les *Frères Provençaux;* on ne saurait par où débuter dans ce poëme de gastronomie, dont le dernier mot est si révoltant à prononcer. Berchoux, cet Homère de la mangeaille, n'est qu'un enfant, et l'on ferait un beau livre de ses omissions. Aussi, pour ma part, je ne me rends pas compte du naturel de ces mangeurs insoucians, comme on peut en coudoyer plus d'un au milieu de l'atmosphère échauffée de nos restaurateurs en vogue : gens qui mangent pour manger, rien de plus, et dont la bouche est toujours ouverte, l'esprit toujours fermé. La table est à mon sens la base d'une encyclopédie, l'occasion d'une foule d'études profondes et d'un professorat auquel les hommes d'état qui devraient penser à tout et qui ne pensent qu'à se faire un patrimoine, n'ont pas attaché la plus minime importance. Et l'on ose dire tous les matins dans une masse de journaux que nous sommes en progrès....

Bien que du temps de l'empire, les beaux-esprits chassés du sanctuaire de la politique par Napoléon, qui tenait trop de place pour ne pas vouloir s'y loger tout seul, se soient très-savamment réfugiés dans l'érudition de cuisine; bien que dès lors, et par compensation, la fourchette ait pris son rang, comme l'épée et la croix, parmi les symboles qui servent de ralliement aux multitudes, il faut avouer les bienfaits que le droit divin et Rostopchin amenèrent avec eux dans les bagages des Kalmoucks. L'impartialité nous fait une loi de mettre pour un moment sous la nappe notre cocarde de républicain. Avec la légitimité, la science culinaire devint cosmopolite. Avec elle encore le banquet, renfermé dans les quatre murs de la famille, dressa ses tentes dans le vestibule du forum, rapprocha les citoyens, et devint un élément électoral. Ce bienfait, ces bienfaits, veux-je dire, car j'en ai signalé deux, nous sont acquis : nous ne saurions rétrograder. Le salon mesquin de cent couverts est tombé avec l'empire : il faut ouvrir des salons de mille, de dix mille couverts, et l'étranger, renvoyé de sa patrie par son docteur ou par un ukase, voyageur ou proscrit, doucement ému de la bonne réception française, trouvera sous son couteau l'olla podrida du muletier de Asturies, le macaroni dont s'enorgueillirait un duc de Parme, le plumpudding du boxeur de Londres et l'ananas créole des Antilles. Un bon dîner ne se renferme plus dans les bornes étroites de l'indigénat et de la nationalité : le patriotisme de la gueule cesse d'être exclusif. Assurément, les temps prédits par Béranger vont luire, et la Sainte-Alliance des peuples est proche. Napoléon s'est trompé quand il a posé les termes prophétiques de la fameuse alternative qui fait sourire de pitié les républicains. A la vérité, Napoléon ne connaissait rien à la gastronomie. Cette gloire a manqué à ce grand homme. Nous ne retomberons ni au cosaque, ni à la simple gousse d'ail.

Ainsi donc, en France, dans les départemens, la grande époque mangeante est celle de la réélection de nos députés : le scrutin et la table sont des institutions parallèles. Des symptômes fâcheux se sont, il est vrai, manifestés dans nos départemens. L'électeur semble moins alerte : la foule ne se presse plus comme autrefois au seuil des colléges, et nous avons entendu bégayer le fatal mot d'indifférence, comme si la jeunesse libérale avait jeté son bonnet révolutionnaire par dessus les moulins. Sur ces symptômes, on a émis de frivoles conjectures. On a cherché le refroidissement du patriotisme dans le mépris des théories épuisées, dans les déceptions politiques, dans ces courbatures morales qui suivent de près les grandes révolutions. Nous attribuerons plus volontiers ce résultat, suivant nous transitoire, à une cause toute matérielle. Un vieux proverbe a dit : Qui trop embrasse mal étreint. Les traiteurs des circonscriptions étroites qui, par la certitude d'obtenir le monopole des banquets, n'ont pas étudié l'esprit de ce vieux proverbe avec assez de conscience, feront bien de soumettre désormais leurs cartes à payer aux vérifications arbitrales d'un conseiller prudent. La carte d'un repas, c'est le quart d'heure de Rabelais. Il y a de l'estomac, la chose est certaine, mais il y a de la bourse dans chaque question, et pour en venir un jour ou l'autre aux gouvernemens à bon marché, il faut d'abord passer par les traiteurs à bon marché. L'aggrégation est là. Ne la demandons ni aux disciples rêveurs de Fourier, ni aux essais languissans du Phalanstère. Ne la demandons pas surtout aux journaux, ces diviseurs infatigables de la pensée des multitudes. Demandons-la aux repas, aux toasts, à la chanson tricolore qui revient avec le dessert, et qui fait trembler de son refrain les carreaux et les trônes. C'est donc de la part des aggrégateurs culinaires, ces lévites de l'avenir, procéder à la fois contre leur intérêt et contre le grand but de l'instrument représentatif, que de traire la bourse de l'électeur d'une façon ultra-monarchique. Autant vaut s'en tenir au juste-milieu et à son budget.

Paris échappe à ce péril, par la grande concurrence de ses fourneaux. Les nombreuses réunions y font la loi au lieu de la recevoir : une commission intelligente qui déguste les vins et règle les prix, sait toujours s'arranger de manière que le banquet patriotique se fasse au rabais. On obtient le meilleur au moindre total possible, c'est essentiel : et, de la sorte, Paris est, et sera long-temps encore, le foyer royal de la propagande démocratique.

Que l'on ne s'étonne pas de ce que nous appelons la gourmandise au secours de la liberté. La gourmandise n'est un péché que dans le catéchisme : ce fut un grand trait de génie dans la pensée des gros mangeurs de l'espèce humaine que de faire, devant Dieu, un mérite exprès de jeûne aux populations hébétées qu'ils laissaient mourir de faim, sauf à les flatter d'une indemnité en l'air, en leur parlant du ciel. Le projet de la république est de mettre pour tout le monde un couvert ici bas : ce qui n'exclut pas le paradis. Jésus lui-même ne reculait pas devant un bon morceau. Le tour de gobelet de Cana et la friture miraculeuse le démontrent suffisamment. Tous les évangélistes ne parlent pas du jeûne de quarante jours, et cet héroïsme d'un Dieu ne prouverait rien contre de simples mortels.

C'est pendant les derniers mois de l'année, après les vendanges, quand les campagnes sont désolées par les brouillards, et que, chassés par le froid, les riches avec leurs familles, leurs gens, leurs parasites ont reflué tout à coup vers Paris, qu'il faut examiner le redoublement des activités départementales. L'immense étoile de routes qui, de Notre-Dame, ou plutôt du Marché des Innocens, cette métropole gastronomique, plonge à Dunkerque, à Cherbourg, à Brest, à Nantes, à Bordeaux, à Bayonne, à Perpignan, à Marseille, à Lyon, à Strasbourg, à Verdun, et de là, par les couriers, la vapeur et les caravanes, dans le reste de la terre, est couverte de fourgons, de diligences, d'accélérés. La canalisation vient de jouer son rôle : la glace en ferme les écluses. C'est une lacune à combler avec des chemins de fer, et l'on y songe. Au premier regard, à ce mouvement de va-et-vient universel, il semble qu'il y ait de l'anarchie, et qu'il se trouve des forces perdues; mais cela n'est pas, ou s'il y a quelque inconvénient, cet inconvénient est à peine sensible. Les siècles ont fourni leur contingent de bon sens et d'ordre à cet échange constant d'or et de produits manufacturés ou naturels entre les villes et les campagnes, ces mères nourrices des villes. L'approvisionnement de Paris, le seul qui nous occupe, n'est pas abandonné sans mesure à l'industrie des intermédiaires qui pourraient, dit-on, amener des encombremens et des famines : c'est-à-dire tantôt de subites dépréciations, et par suite le gaspillage des denrées, tantôt l'exagération des mercuriales et par suite des révoltes. Le pouvoir municipal intervient donc tant bien que mal, suivant qu'il est plus ou moins instruit des besoins de la cité. Vous saurez tout à l'heure comment il intervient. Nous n'avons rien à dire de l'espèce de pouvoir municipal qui régit pour le quart d'heure les affaires de la capitale parisienne, si ce n'est qu'en dépit de l'autorité ministérielle dont il tient son origine, et qui par conséquent le rend nul autant que faire se peut, l'expérience des temps, supérieure aux désordres qui doivent se glisser à la suite de cette usurpation, réglemente encore la matière, et triomphe de l'incurie. C'est une lourde machine qui tourne encore par cela seul qu'elle est montée; mais il faudra que l'intelligence s'en mêle un de ces quatre matins, pour parer aux dilapidations inévitables et décider les progrès qu'on se lasse de signaler. Une telle gestion ne peut durer sans responsabilité ni garantie : la ville est écrasée de dettes et se ruine avec l'emprunt. L'élection et le peuple ont besoin de passer par là. En attendant, la sagesse des fournisseurs est notre seule providence; et, par forme de reconnaissance, ou peut-être pour tempérer la fougue du commerce, l'octroi, sentinelle avancée du corps municipal, avec ses registres, avec ses légions de commis, inquisiteurs de barrières, armés jusqu'aux dents, salariant des espions, organisant des rondes et des patrouilles de nuit en deçà et au delà du mur d'enceinte que l'on a flanqué de corps de garde et de cachots provisoires, l'octroi, ce cloporte à mille pattes qui dîne sur vos repas, et qui dîne par excellence, prélève un impôt sur le vin, sur la viande, sur les subsistances les plus indispensables ; la misère lui paie des millions, c'est le beau de l'affaire. Par cela même, une partie de la consommation de Paris se fait hors Paris, et reflue vers de sales cabarets, ou bien pénètre en fraude dans la cité, ou bien encore est frelatée par le débitant qui donne de la vache pour du bœuf, du sable pour du sel, des décoctions de bois des îles pour du vin. Nous avons, en conséquence, les orgies du moyen âge aux courtilles ; nous avons le contrebandier de la banlieue qui est à celui des Pyrénées ce que le poltron est au brave et le filou au brigand ; nous avons enfin la police correctionnelle pour le débitant falsificateur : triple lèpre née d'une seule, l'octroi. L'octroi, c'est l'arche sainte de nos économistes d'action, la palladium de la ville. Il est détestable, mais cabalistique; il est corrupteur, mais il existe; donc il ne faut pas y toucher. C'est l'argument irréfragable. Morale, civilisation, calcul, tout vient échouer contre ce seul mot. Calcul fait, je ne vois pas au juste cependant ce que le fisc y gagne : tout le monde y perd. De fortes têtes m'ont juré que le mal était incurable : aussi personne ne s'en occupe. Tous les ans les feuilles officielles, ces archives de l'enthousiasme public, comme chacun sait, s'extasient sur l'admirable mécanisme de notre administration, et le roi lui-même en est fort satisfait quand il va pendre la crémaillère de la discussion à la chambre des députés.

Je n'ai pas entrepris la statistique du chiffre des boutiques qui sont plus particulièrement vouées à diviser aux Parisiens ce que les fournisseurs nous amènent en ôtant leur bonnet à messieurs de l'octroi. J'estime à vue d'œil que c'est le plus grand nombre, et je me propose, sur cette estimation, de rapatrier les boutiquiers et les prolétaires, cousins-germains entre lesquels le juste-milieu se plaît à semer la zizanie. Il n'est pas mal de s'entendre : on ne sait pas ce qui peut arriver. Les boutiques, on en convient, se trouveraient toutes fermées par une interruption de la vie coutumière, comme la révolution de juillet, par exemple, peut-être même aussi par de moindres rumeurs, si le projet tenait bon, comme je le soupçonne encore, d'enfermer la ville avec une enceinte de petits forts détachés. Ce n'est pas que l'on ait la moindre méfiance contre la monarchie enfantée si miraculeusement par les barricades : on est à cette occasion d'une bonhomie de sécurité qui fait plaisir à voir, c'est édifiant : le comptoir n'a qu'une voix pour réfuter les sornettes des pessimistes; mais les paniques sont sourdes et les capitaux n'ont pas d'opinion. Paris serait affamé avec une facilité merveilleuse rien que sur un vacarme ridicule, ou parce qu'un ministre de mauvaise humeur aurait laissé tomber une bévue : ce serait courir gros jeu toutes les semaines. Où cela ne s'étendrait-il pas, si, par génération directe ou indirecte, la monarchie citoyenne tombait, avec ses bastilles de poches, des mains de Louis-Philippe, le bien aimé, l'universellement élu, le produit incontestable de la souveraineté populaire, entre celles de quelque arrière-petit fils d'un caractère brouillon et détestable ? Les arrière-petit-fils de nos bouchers, boulangers, épiciers, charcutiers, fruitiers, rôtisseurs et restaurateurs auraient toujours la puce à l'oreille, la famine en étalage, la banqueroute au fond de leur corbeille. Tâchons de leur laisser l'avenir et la liberté pour patrimoine Rien n'est délicat comme la matière de l'approvisionnement.

J'avouerai qu'il n'en est pas de même quand le peuple s'amuse à culbuter une monarchie entre deux carrefours. Les fournisseurs sont essentiellement pour le peuple : il est vrai que c'est une grosse pratique, et qui paie bien. En manière de digression (et je n'offre à l'indulgence du lecteur cet article que comme une série de digressions), je me plais à rappeler ici ces dévoués auxiliaires de la banlieue qui vinrent à nous pendant les trois jours, tandis que la moitié de Paris tournait des cartouches pour l'autre moitié qui se battait. Ils apportaient aussi des munitions, des munitions de bouche; car ce n'est pas tout que de tuer, il faut vivre. Pourriez-vous me dire ce qu'était devenu l'octroi? Je vois encore les longues avenues de nos faubourgs échelonnés de barricades, avec des ouvertures irrégulières d'une barricade à l'autre pour le passage des amis : ouvertures qui correspondaient en zigzags, le tout afin de gêner au besoin les évolutions des gendarmes et des royalistes, sans dépenser beaucoup de braves à la protection de ces fortifications improvisées. Dans ces jours-là, on était levé de bonne heure, car on ne se couchait pas. Il était bruit du rôle prochain de Vincennes et de ses bombes, et aussi des hauteurs de Montmartre, où le maréchal Marmont se proposait, disait-on, d'installer de vive force des bouches à feu. Entre gens bien éveillés, comme vous le pensez bien, ce ne sont pas les bruits qui manquent. Les conjectures circulent bientôt comme des nouvelles, et la défense des faiseurs d'ordonnances aurait été plus belle, j'entends qu'elle aurait été belle, si l'on avait pris conseil de nos groupes. Un mot fatal circulait à voix basse, le mot *famine !* et cette prévision inquiète n'était une folie que parce qu'on ne s'imaginait pas jusqu'où pouvait aller l'inconcevable incurie des conseillers de Charles X. Il n'y a bravoure qui tienne, surtout à Paris, ce chef-lieu du monde gastronomique, contre la pensée subite de l'inanition. La bataille nourrit, mais tout le monde ne se bat pas : il y a des enfans, des vieillards, des femmes ! et c'est ce qui préoccupe. Alors, et c'est un fait, il n'y avait aucune organisation, ni chez nos députés, ni à nos mairies, ni à l'Hôtel-de-Ville, pas même celle dont on fit courir à dessein la nouvelle; et les mille et un mensonges officieux répandus par les plus habiles sur les quantités de farines qui se trouvaient en magasin, à la halle aux blés, aux greniers de l'Arsenal, ou même chez les boulangers, ne rassuraient absolument personne. On pense vite, on voit loin, on a l'imagination et les dents longues en guerre civile. Montrez du pain à ces braves, ils ne mangeront pas, parce que ce n'est pas l'heure, ils ont trop à faire : cachez-le, ils s'en inquiéteront, et c'est fort naturel, puisque personne n'est seul dans ce monde. D'ailleurs, grâce à nos rues obstruées, il n'y avait plus de voie possible pour les maraichers du dehors, ni pour leurs charrettes, ni pour leurs chevaux. Ils n'auraient pu, les pauvres chevaux, sans se mettre aussitôt hors de service, hasarder un pas sur nos petits couloirs de pavés que l'on avait semés à dessein de bouteilles brisées en guise de chausses-trapes. Les nécessités de la défense nous avaient donc coupé les vivres : c'était la conclusion invariable des confidences qui circulaient. Or, tandis que l'on baissait la voix pour s'entretenir de ces détails, qu'on réservait, et à raison, pour les têtes fortes, voilà que des applaudissemens retentissent à toutes les fenêtres. On regarde : c'était la banlieue, notre banlieue à nous, hommes et enfans, femmes et filles, tous poudreux du chemin, qui débouchait processionnellement par les ouvertures des barricades, comme une longue guirlande : ceux-ci chargés et ployans sous des sacs, tenaient d'une main la queue d'un veau; ceux-là, tenant les oreilles de la bête, étaient pareillement chargés à rompre sous le poids. Pas une épaule, pas une main, pas un enfant d'inutile dans ce cordon vivant qui se dévidait sous les bravos de tous les étages : il fallait voir cela. Il fallait voir leurs yeux rayonnans, leurs figures écarlates, et comme ils bronchaient sur nos pavés en nous apportant des vivres et du cœur. On payait, on le voulait du moins ; mais tous disaient : « C'est bon, çà se retrouvera. » Quel enthousiasme, mon Dieu ! Il y avait des larmes sur tous ces visages : ces héros étaient des enfans. Et sous le fastueux arc de triomphe du boulevart Saint-Denis, aux yeux de ce Louis XIV de pierre *que sa grandeur attachait au rivage*, comme Charles X à Saint-Cloud, on déchargeait des sacs de pommes de terre, de haricots, de pois secs, des quartiers de bœuf, des moutons entiers, des porcs, des volailles, jusqu'à des pots de fer-blanc remplis de crême : épigramme de calibre en pareille circonstance, il faut le dire, contre nos habitudes de petites maîtresses. Parbleu ! ils n'eurent pas à se plaindre de notre réception, ces bonnes gens, ces vrais amis auxquels nous fîmes cordialement une petite place sur notre pavé pour reposer à l'ombre et pour essuyer la sueur qui ruisselait de leurs fronts, qui collait leurs cheveux aux tempes ; et, franchement, c'eût été dommage que, sur quinze à vingt points autour de Paris, le canon de la légitimité, solidement braqué sur des fortifications à demeure, eût barré le chemin de la banlieue et de nos frères : il y aurait une belle page de moins dans l'histoire de notre résistance. Je n'ose plus dire de notre révolution.

On me pardonnera ces démangeaisons de juillet, ces réminiscences : c'est bien le moins que sur trois années il nous reste un souvenir. Laissons ces rêves.

Si l'ouverture des boutiques, si l'existence même des marchands, en tant que marchands, est essentiellement liée à la sécurité des rues de Paris, c'est à coup sûr un argument de quelque force contre la fondation des jolies forteresses dont on ne nous parle plus, et dont, probablement, on ne parle plus, parce qu'il en est de cela comme de compromettre une jolie femme. Misérable qui s'en vante, disent les roués.

Examinez que chaque fait se tient chez un peuple dont la civilisation matérielle date de plusieurs siècles, et se perfectionne à l'aide des théories. Vous croyez ne toucher qu'un point, vous les touchez tous; et, sans embrasser à ce propos les idées absolues des défenseurs de la centralisation, c'est peut-être un bien que cet ébranlement général; car lorsque chaque personnalité se voit compromise, la question ne traîne pas longtemps : on dérouille uniformément de vieilles armes pour descendre au plus tôt dans la rue : on se met à résoudre le problème de toutes ses forces, comme le voulait Solon. Solon n'était pas un imbécile.

Songez, en effet, que Strasbourg nous envoie ses saumons du Rhin, ses belles carpes, ses écrevisses, ses savoureux pâtés; la Bresse, La Flèche et le Mans, des poulardes magnifiques et de gras chapons; ainsi du reste. Que deviendrait, dites-moi, le Périgord, si le diplomate en fuite, si l'amateur parisien, enseveli dans une cave à l'épreuve de la bombe, cessaient de réclamer les dindes énormes, les truffes que le badaud sans argent va flairer à l'étalage de Chevet, et dont les Spartiates de M. Villèle ont vaillamment étendu la popularité? Les perdrix rouges de Sarlat; les terrines grasses de Cahors et de Nérac; les huîtres vertes d'Étretat, de Cancale et d'Ostende; Ostende, qu'en dépit des traités de Vienne il ne faut pas rayer de la carte de France, à cause de ses cabillauds, dont nous devons l'assaisonnement au génie hollandais; les thons frais ou marinés de la vieille capitale des Phocéens; que sais-je, moi? mille et mille choses; les dragées fines de Verdun et les sucres de Rouen, villes qui sont de vastes laboratoires pour les confiseurs; les becsfigues et les mirabelles de Metz; les bartavelles du Dauphiné, colonies fugitives des Cyclades qu'on réunit par bande, soir et matin, avec un léger coup de sifflet; les hures, les langues, les andouillettes de Troyes, de Troyes, cité plus justement et plus incontestablement célèbre par son fromage de cochon que par la naissance de Jacques Pantaléon, qui monta sur le trône de saint Pierre sous le nom d'Urbain IV, et qui fut, je crois, patriarche de Jérusalem du temps du roi Louis IX ; est-ce que ces présens de la Providence (je ne parle ni des rois ni des papes), est-ce que ces trésors, dont je n'ai pas assez d'haleine pour épuiser l'inépuisable nomenclature, consolations prodiguées au genre humain pour supporter l'esclavage et fêter la liberté; est-ce que tout cela n'est pas compromis quand Paris tremble?

Disons mieux. Chaque hameau, chaque commune, chaque département de la France, après avoir contribué pour un trentième de sa population au chiffre total de cette multitude qui bouillonne dans les murs de la capitale, lui doit (c'est le mot) le plus pur de ses produits, comme une mère à son enfant. Les enfans mènent un peu leur mère, je l'avoue; mais la Providence a permis que ce fût pour le mieux. La Providence est si bonne !

Dans un ordre de choses régulier, représentatif, et d'une légalité franche, les produits de nos frères des départemens doivent affluer de plus belle sur nos marchés, dans nos halles; et comme il est bon de poursuivre le projet de faire manger le prolétaire, non par quelques privilégiés (évitons les malentendus), mais à la mesure de son appétit, faites avec vous-même le calcul des fonds que l'on pourrait détourner des sinécures, de la liste civile, et des incuries monarchiques, au profit de l'amélioration des routes et des bazars par où viennent et où se déposent les productions gastronomiques de la France et de toutes les parties du monde. Vous finirez par être de mon opinion; je vous le prédis.

On vante nos halles; et c'est justice de dire qu'elles ne rappellent pas ces cloaques infects dont le souvenir doit poursuivre quiconque a dépassé trente ans. Dans mon jeune temps, les habitans de la paroisse Saint-Eustache s'émerveillaient pareillement d'en être arrivés là. L'orgueil naïf de nos pères m'interdit l'érudition, pour ne provoquer le dégoût de personne. Je ne consulterai donc ni Félibien, ni Sauval, ni Mercier : la mémoire me suffira. Le marché des Innocens, avec ses parasols rouges fichés sur des poteaux massifs, offrait, si j'ai bien vu, le désordre d'un campement de Cosaques. C'était une honte. Il était affligeant surtout de trouver la fontaine de Jean Goujon, cette construction svelte et originale, au milieu de ce chaos, versant, de sa coupe abritée sous un dôme, de claires nappes d'eau dans une atmosphère putréfiée par une inamovible odeur de choux. Pour peu que l'on fût bibliophile comme mon ami Paul Lacroix, cela faisait songer au charnier de l'ancien régime quand cet emplacement renfermait un cimetière. Sans ordre, je ne connais pas de salubrité. Il fallait d'avance assainir tout cela, pour faire tomber sous la hache ces maisons du temps de Henri III, maisons grossières, efflanquées, composées de gravois où perçaient de lourdes solives. J'ai le ridicule de détester les mazures, la disparition de celles-ci m'a charmé : je suis Vandale jusque dans la moelle des os, j'aime ce qui est propre. Enfin j'avouerai, dussé-je être exclus à jamais de la société des gens comme il faut, ce que je supporterai du reste assez philosophiquement, que, sauf un peu de brutalité dans la manière de faire le bien et le mal, brutalité qui me réjouit l'âme, car elle prouve du cœur, le peuple de nos marchés, le menu peuple, comme on dit, ne m'a jamais rappelé dans ses propos le style obscène que ce polisson de Vadé, si bien baptisé par Voltaire, lui prêtait bénévolement pour les carnavals de la régence et les petits soupers de Versailles. Si l'on veut que l'exception tue la règle, quelle que soit la catégorie de gens que l'on me désigne, je nierai la civilisation. J'ai presque honte de ressasser un argument si banal; mais Castaing ne déshonore pas plus la confrérie des docteurs que Contrafatto celle du clergé. A s'en rapporter aux lieux communs du bon ton, il semble que l'on ne puisse s'aventurer dans ces parages sans qu'une grosse commère, enluminée de furie, et soutenue en chœur par les marchandes de marée, ne vous dégoise, d'une voix devenue rauque à force d'eau-de-vie, ce que, par une dérision assez élégante, on appelle le catéchisme. Je n'ai vu la poissarde classique, la poissarde qui jure, qui boit et qui fait le coup de poing; la poissarde imaginaire, qu'au Vaudeville, et aussi peut-être à la Courtille, dans l'ordurière matinée du mercredi des Cendres; encore, et sous le masque, ai-je reconnu la coquine de distinction qui dans tout autre lieu ne vous pardonnerait pas un propos, mais une action leste. Ce que je dis n'est pas si étranger qu'on pourrait le croire à mon sujet. Une sollicitude toute gastronomique me porte à déposer ici le vœu que les maîtresses de maison, si elles ne sont pas trop petites maîtresses, s'en remettent plus particulièrement à leur tact personnel du choix des comestibles. Celles qui s'en aviseront s'en trouveront bien. Il en résultera nombre d'avantages, d'abord pour l'économie, puis pour les convives, enfin pour les halles mêmes. Tous les jours on est exposé, pendant la session des chambres, à trouver à sa table un député, de ceux qui ne savent rien sur la manière dont se gèrent les intérêts du pays, mais qui sont influens en bon lieu, en leur qualité de chefs d'escouades représentatives. Entre deux services, on peut beaucoup sur leur esprit pour activer une réforme. C'est un chapitre qui n'est pas épuisé. Par exemple, la matière première d'une halle, c'est l'espace : et bien, près de ce point de rendez-vous dont les abords devraient être libres, des rues agencées en dépit du sens commun, celles de la Ferronnerie et des Lombards, qui n'ont pas de débouché; celle des Arcis, qui étrangle la circulation, forment un gouffre dont on ne se retire qu'à son corps défendant, à travers un pêle-mêle de lourdes charrettes et d'omnibus. On peut offrir de parier que la rue Louis-Philippe sera faite et parfaite (si les dévots du quartier Saint-Germain-l'Auxerrois le veulent bien) avant que le marché des Innocens soit raisonnablement accessible. Croirait-on que l'on a deviné brusquement, en 1833, que le marché aux poissons, l'endroit où on l'expose en étalage, n'était ni sainement organisé, ni convenable? Il a fallu recevoir ce conseil, non du simple bon sens, mais de la poissonnerie anglaise, qui vient d'ouvrir sa riche boutique de marée au coin de la rue de Castiglione. Dieu soit loué que le patriotisme administratif ne se soit pas révolté contre ce progrès, par une frénésie subite de nationalité! S'il se fût agi d'institutions, peut-être le projet aurait tourné en eau de programme. Heureusement, les barricades n'étant pour rien dans cette question, on a bien étudié l'établissement anglais, sa disposition décente, son air de luxe, son élégance. On a vu que, sans choquer ni l'odorat, ni la vue, la marée pouvait élire domicile à la Chaussée d'Antin, et qu'elle ne déparait nullement la colonnade correcte de la rue Napoléon. Alors, en songeant à nos halles, on s'est révolté contre ces hangars de planches, contre ces baquets qu'une propreté scrupuleuse ne protégeait pas toujours contre les scrupules de l'examen: la pierre et le marbre ont été jugés bons à quelque chose; on a pensé à des courans d'eau vive pour que le poisson en vie fût appétissant; pour que sa putréfaction, lorsqu'il est mort, s'accélérât moins par le contact et le voisinage. Il y a des gens chèrement rétribués, je vous jure, pour avoir en sursaut de ces révélations subites : cela leur vient comme un coup de foudre. Il serait curieux de supputer les pétitions vendues à la rame par les garçons de bureau, chez les épiciers ; suppliques oubliées, qui répétaient la chose depuis vingt ans avec une louable monotonie. L'industrie individuelle, si routinière qu'elle soit, a toujours le pas sur ces administrations borgnes où le changement de la moindre bagatelle met en rumeur les premiers et les derniers de la hiérarchie gouvernementale. Je ne citerai que nos boutiques de charcuterie, ces *Frères Provençaux* des petites fortunes qui dînent sur le pouce et en plein vent : toutes ont des grilles et des ornemens en cuivre, des glaces pour vîtres, des comptoirs et des étagères en marbre, dont, à chaque minute, l'eau bouillante et l'éponge rendent le poli clair et brillant ; quelques unes même ont à leur devanture des emblêmes artistement peints : des cochons, qui font les délices du flâneur, et auxquels il ne manque que la parole. Le talent court les rues : le musée de 1833 fournira la France des peintres d'enseignes. Ce bon goût est essentiel en matière de nourriture. On l'a compris, il y a beau jour, pour la halle à la viande, pour celle aux fruits, pour la halle aux bleds, pour la marché aux fleurs. On le comprendra peut-être, d'ici à vingt ans, pour ces décharges de légumes que l'on encombre pêle-mêle dans la rue de la Ferronnerie, à deux doigts d'un ruisseau où les roues des charrettes et des omnibus font jaillir, vous pouvez m'en croire, tout autre chose que de l'eau bénite. Après je ne sais combien de dépenses et de dettes peut-être, en travaux hydrauliques, ce qui manque le plus à Paris, le croirait-on? c'est l'eau. La vérification est facile. Il semble que la première mise de capitaux pour les grands conduits aurait dû faciliter la pose des réservoirs, des bornes-fontaines, des tuyaux à répartir dans les environs. L'eau devrait couler à pleins bords comme la démocratie, et je m'en féliciterais comme M. Royer-Collard, quand il s'en félicitait. Les petites entreprises font la guerre aux grandes. Il y a des fournisseurs brévetés qui n'auraient plus la majeure partie du monopole de la Seine si quelque bienheureux événement ne détruisait, par un hasard singulier, ces sources indiscrètes qui donnent l'eau gratuite à la blanchisseuse en fin, à la ménagère modeste du cinquième étage, aux familles qui vivent spécialement d'économies. L'eau n'en vient pas moins, parce que sa voie est faite; mais elle coule à raz de pavé, comme le ruisseau, où les pauvres diables sont bien libres de la boire, souillée et flétrie, dans le creux de la main : on ne gêne, là-dessus, la volonté de personne. Je ne donne pas l'eau comme un des comestibles les plus nourrissans; mais c'est, avec le feu, l'ingrédient le plus indispensable. L'air, le feu et l'eau, par l'impôt sur les fenêtres, l'impôt sur les combustibles, l'impôt sur les fontaines, et jusqu'à la terre au Père Lachaise, sont, par malheur, taxés d'une façon exorbitante; et, par la suite des temps, ils le seront infailliblement beaucoup plus, avec l'aide de la meilleure des républiques, si elle dure. Je n'en fais pas un reproche à M. de Lafayette; mais les élémens sont bien chers.

C'est durant la nuit, lorsque les oisifs de la grande cité se sont endormis sur le roman nouveau de Renduel ou de Ladvocat, et bien après les soirées et les spectacles, que les approvisionneurs pénètrent, comme à l'insu, dans nos murs. Le Paris nocturne commence sous la garantie des patrouilles et des réverbères. Le marché des Innocens est le chef-lieu de ce mouvement prodigieux qui sillonne les faubourgs avant l'aube, et là, des inspecteurs de salubrité président à la répartition qui s'effectue à l'instant même pour les débitans de second degré. La même activité règne au marché Saint-Germain, au marché Beauveau-Saint-Antoine, à la place Maubert, aux Jacobins, à Saint-Joseph, et près du Conservatoire des Arts et Métiers. Les halles secondaires, satellites de ces grandes planètes, s'alimentent à ces marchés principaux. Déjà même la Vallée s'organise; et quelle que soit l'heure du réveil pour le citadin le plus matinal, il n'entre jamais en concurrence avec les premiers acheteurs. Je ne prétendrai pas que le génie des cultivateurs de nos environs ne soit plus particulièrement celui de la cupidité. A la prendre par n'importe quel bout, le désintéressement, on en conviendra, n'est pas le mérite dominant de l'espèce humaine: les classifications n'y font rien. Mais on se tromperait fort si l'on tenait pour paysans et pour paysannes la plupart de ces revendeurs de la troisième ou de la quatrième main, aux formes campagnardes, en blouse ou en bonnet plissé, locataires de la rue Saint-Denis, pour la plupart. Leur costume est un déguisement, ou à peu près: c'est une rubrique fort innocente, à l'effet de tricher de prime abord les chalands inexpérimentés qui, dans un intérêt d'économie domestique, pensent avoir directement affaire aux vendeurs de la campagne. La manie de répondre en l'air par une offre quelconque à des propositions habituellement exorbitantes, devient même un péril avec eux, parce qu'ils ne laissent pas le temps de s'en dédire, et ce n'est pas sans édification que je les ai vus, dix fois de suite, se signer avec l'argent du badaud, sous prétexte que cette affaire était leur étrenne de la journée. Les véritables pourvoyeurs de nos environs, domiciliés dans les petites villes de la banlieue, où se tiennent les foires de bestiaux, de volailles, de fourrages, comme au dernier relai, ont déjà quitté Paris à l'heure où les laitières viennent camper sur les trottoirs de nos rues, et lorsque les boutiquiers s'installent devant leur étalage pour répondre à la première furie de l'appétit parisien. Une sorte de guerre civile débute uniformément de toutes parts à l'occasion de la cherté révoltante de mille denrées, que le benin marchand cède toujours, à l'en croire, au dessous du taux réel, et par considération expresse pour ses pratiques. De sorte que c'est miracle si les débitans font tous fortune dans un temps donné. A l'instar du père de M. Jourdain, ils semblent n'avoir accepté la corvée de débiter ces marchandises que par dévouement et philantropie. Quand ils sont ruinés, ces bourgeois gentilshommes se retirent dans leurs terres.

C'est vers une des galeries du Palais-Royal, à l'emplacement occupé par Chevet, qu'il faut nous diriger pour voir ce que peut être un étalage à son maximum de splendeur : et si je parle de Chevet, sans me croire obligé, malgré l'impartialité dont je fais profession, de citer ses nombreux concurrens, c'est que le nom patronimique de ce marchand de comestibles aura la gloire de baptiser à l'avenir ses rivaux, ses imitateurs et ses émules. Chaque quartier, maintenant, a son Chevet, issu du premier par l'opération du Saint-Esprit, mais qui ne le supplantera point dans sa popularité européenne. On me racontait dernièment qu'un capitaine de frégate, invité à partager le repas d'un chef de sauvages, dans les forêts du Brésil, se flattait bien d'enrichir sa narration de quelques détails curieux sur la cuisine de l'endroit, lorsqu'on lui servit une fricassée de poulet d'après la méthode de M. Appert, et du vin de pêche de Strasbourg. Sur la boîte de fer-blanc de la conserve, et sur le ventre de la bouteille, le capitaine émerveillé reconnut le chiffre de Chevet, et forma le projet de retourner au plus tôt en France, pour s'informer succinctement au Palais-Royal de ce qu'il n'avait pu vérifier là-bas. En effet, ce riche étalage offre tous les produits de l'univers. Sur la mousse, dans des corbeilles, s'étagent en pyramides les belles oranges de Portugal, les cédrats et les bigarrades de la Chine, la grenade couronnée d'Italie. L'ananas fleurit au juste-milieu de ses grandes feuilles de roseau, garnies de pointes comme pour le défendre. La tortue, avec sa tête de serpent, sa queue et ses pattes de lézard, sa peau grénée comme du chagrin, traîne sa lourde carapace, artistement colorée, sur un lit de paille où elle se nourrit d'herbes, de poissons et d'escargots. Ici vous voyez les truffes qu'on nous expédie du Périgord, du Limousin, de la Gascogne, et particulièrement de l'Italie, champignons d'une odeur savoureuse, que le préjugé médicinal regarde comme un des aphrodisiaques les plus énergiques. On ne tarirait pas dans un tel dénombrement; la vue se porte à la fois sur mille objets où les climats se confondent, où les antagonismes se rapprochent. Les plus précieuses pièces de venaison, le sanglier, cet Ajax des forêts, le daim aux pieds légers, le chevreuil à courte queue, se montrent suspendus avec le faisan aux trois couleurs, les perdrix rouges et grises, les gélinotes des Ardennes et des Pyrénées, la bécassine de nos marécages. L'exilé de Prague, à son insu, fut, pendant son règne, l'un des plus déterminés fournisseurs de ce haut gibier. A Compiègne, à Saint-Germain-en-Laye, à Fontainebleau, Charles X distribuait aux courtisans de sa suite les produits abondans de la chasse : et les nobles serviteurs, s'il faut en croire l'indiscrétion d'un garde-du-corps, échangeaient à la sourdine ces royales munificences contre l'or de Chevet, sauf à risquer cet or au jeu du whist; jeu noble et royal, que l'Encyclopédie vante avec un enthousiasme, dont la meilleure partie retourne nécessairement vers les graves esprits capables de s'en passionner. Chevet a dû perdre beaucoup en perdant cette clientelle de fournisseurs; et la révolution de juillet, en donnant carte blanche aux braconniers pour la saison de 1830, contribua sans doute à la cherté de la venaison, par la dépopulation des bois. Mais continuons cette revue, sans nous astreindre toutefois à vérifier scrupuleusement chaque objet : on n'en finirait pas. La famille entière des crustacées, homards et langoustes, crabes et crevettes, les écrevisses de la Meuse, armés de cuirasses et de tenailles incisives, encadrent de leur couleur, que la cuisson rend éclatante, les primeurs de toutes les saisons, les poissons de tous nos fleuves, tandis qu'un beau désordre, véritable effet de l'art, échelonne sur des tablettes et des rayons nombreux les fioles et les bocaux où le cornichon se confit dans le vinaigre; l'olive, l'anchois et le thon, dans l'huile vierge d'Aix; où cent espèces de fruits se confisent enfin dans une grande variété de liqueurs. Sur l'étiquette de ces bouteilles, toutes de diverses formes, élancées et grêles, massives et carrées, nues ou ficelées de paille, chaque pays est tour à tour rappelé. C'est l'eau-de-vie de Dantzick, le marasquin de Zara, l'eau de noyau de Phalsbourg : ce sont enfin les liqueurs des îles, qui ont fait connaître madame Anfoux, et qui n'ont pas perdu leur crédit entre les mains de M. Ducommun de Nantes, l'inventeur bréveté des filtres pour les eaux clarifiées de Paris. Je vous ai dit que cette nomenclature était interminable : je n'ai pas voulu vous prendre en traître. L'espace n'est perdu nulle part : au plafond sont confondus les jambons de Westphalie, de Grenade, du Yorcksire, de Westmoreland, de Bayonne, de Strasbourg, de Mayence; les mortadelles d'Arles, de Lyon, de Bologne; la langue et le bœuf fumés de Hambourg; le saumon fumé du Rhin; la morue sèche pêchée aux bancs de Terre-Neuve, et les coqs vierges de bruyère. Lorsqu'on est resté debout quelques heures pour énumérer consciencieusement ce vaste répertoire d'objets gastronomiques, on se persuade mal que, dans une ville où les magasins étalent un tel panorama sous les yeux des amateurs, bon nombre de malheureux soient réduits à se coucher le soir, à jeun, et en s'efforçant de vérifier s'il est juste de dire que celui qui dort dîne. Les grosses bourses sont seules appelées à ce brillant banquet. D'autres que nous auront à parcourir l'échelle immense qui sépare ces somptueux et honnêtes vendeurs d'une foule de marchands anonymes et mesquins qui mettent, par la falsification, les denrées de dernier choix à la portée de la misère. Nous qui pensons avant tout aux classes souffrantes et malaisées, que personne ne représente, et que l'on n'a guère le temps de plaindre, nous devons solliciter ici de la pitié des lecteurs de haut lieu qui pourront y songer par hasard, une législation plus entendue sur la fraude. Que l'on serve du bois de crâbe dans la canelle, de la chicorée et d'autres ingrédiens dans le café ; de l'acide gallique pur dans le thé ; des sardines de Lorient à la place des anchois, et du veau de Pontoise en guise de thon mariné ; c'est assurément fort mal, quoique, après tout, ces supercheries n'intéressent que le goût des prétendus gastronomes, à propos de certaines superfluités, fort agréables, d'ailleurs ; mais, puisqu'il est reconnu que les fraudeurs trouvent une prime d'encouragement dans la modicité de la taxe pénitentiaire ; qu'ils corrompent le sel avec le sel marin des salpêtriers, avec le sel wareck et le sulfate de soude ou de chaux ; qu'ils mêlent du sable à la farine, et du sulfate de cuivre dans le pain pour lui donner en revanche plus d'éclat ; qu'ils amalgament le suif de veau avec le beurre; qu'ils osent enfin vendre des fermentations de mûres, de betteraves, de bois de troëne et de campêche, de soude, de potasse, de chaux, d'alun, de litharge, de miel et de mélasse, pour du vin, il serait bon de réformer sur ce point notre législation trop complaisante. On croit tout faire avec les journaux, sans songer que, grâce aux entraves du cautionnement, du timbre et des frais de poste, cette publicité est bien chétive; que tout le monde ne sait pas lire, et que, en dernier résultat, il y a des gens qui bravent effrontément dans leur quartier le scandale d'une punition qui ne les cloue pas au pilori. J'ai ouï demander la pose d'un drapeau noir à la porte des parens qui, dans leur obstination superstitieuse à refuser le bienfait de la vaccine, s'exposaient à laisser périr leurs enfans de la petite-vérole. Je n'ai rien à dire à cela; mais je concevrais mieux cette mesure de rigueur à l'égard des empoisonneurs volontaires de leurs compatriotes.

J'ai hâte de finir un chapitre où je me suis imprudemment engagé sans consulter mes forces, et qui n'est qu'une simple causerie où chacun peut ajouter du sien. L'octroi, je le répète en terminant, est, après les forts détachés, le point fondamental de toutes les discussions que l'on peut élever sur la matière de l'approvisionnement parisien. J'accuse l'octroi de nuire aux revenus de la ville, en essayant de les exagérer; je l'accuse surtout de ces atteintes sans nombre portées à la morale particulière et publique par une foule de falsifications. Même sans condamner le système, on peut condamner le tarif.

Michel-Raymond.

LE MARCHÉ AUX VIEUX LINGES.

On y voyait autrefois l'illustre et magnifique maison des chevaliers du Temple, congrégation militaire et religieuse à laquelle un roi légua son royaume. Cette enceinte fut témoin de toutes les gloires de l'ordre. Là, des chapitres solennels où l'on accourait de toute la chrétienté; là, des moines, le glaive au côté, et la croix rouge sur l'habit, avec un œil au ciel pour prier, l'autre sur la terre pour convoiter ses grandeurs, ambitieux reclus, à qui il fallait à la fois la tiare des papes et la couronne des empereurs. Mais la volonté de fer de Philippe-le-Bel se trouva sur le chemin de ce colosse, qui n'avait qu'une tête et mille bras; elle le rencontra au moment où il allait étreindre le monde; elle lutta avec lui, non pas en champ clos, avec l'épée et en face du soleil, mais dans les conciles et devant ses tribunaux; lutte terrible qui dura des années, et où la calomnie, le faux témoignage et les tortures vainquirent les Templiers. Toutes les lois féodales furent violées; Philippe-le-Bel porta la main sur la personne du grand-maître; on l'arrêta dans le prieuré du Temple, dans l'enceinte de sa propre juridiction. Il fut emprisonné, jugé, condamné et brûlé vif, avec ses plus illustres chevaliers. L'ordre, dépouillé et banni, alla chercher un asile en Écosse et dans l'Orient.

Comme les juifs ont conservé jusqu'à nos jours un *prince de la captivité*, les Templiers n'ont pas cessé d'avoir un grand-maître. Cet ordre, qui a traversé des siècles, couvrant d'un profond mystère ses actes et ses initiations, est, avec la franc-maçonnerie, la seule association secrète qui soit arrivée jusqu'à nous, malgré le temps, les persécutions et le scepticisme railleur des profanes.

la semaine on voit s'y livrer à l'étude des diverses écritures qui ont eu cours aux différens siècles de notre ère; des peintres, en assez grand nombre, qui ne craignent pas d'y passer d'assez longues heures à étudier les costumes et les monumens du moyen-âge dans ces admirables miniatures dont sont ornés les principaux manuscrits des XIIe, XIIIe, XIVe et XVe siècles; puis enfin quelques ardens philologues, quelques laborieux savans, qui viennent y consulter en originaux les monumens de notre vieille littérature et de notre histoire.

Une mode littéraire de quelques mois, le goût dominant d'une saison dramatique, y amènent aussi parfois des colonies tout entières d'auteurs à combinaisons tragiques ou à effets de clarinette et de *tambourin*. Il y a quelques années, lorsque le moyen-âge après s'être successivement emparé des meubles, des chambres à coucher, des façades des maisons et des ateliers de peinture, s'élança tout armé sur les théâtres grands et petits, une nuée de vaudevillistes s'abattit pendant plusieurs semaines dans les salles des manuscrits, cherchant dans des lignes qu'ils savaient à peine lire et des mots qu'ils ne pouvaient comprendre, des scènes à évanouissemens et des couplets de facture. Puisse Dieu leur faire paix et miséricorde!

Nous avons dit qu'en quittant les imprimés, les Anglaises et la suite bigarrée qu'elles traînent après elles, entraient de plain-pied dans les salles des manuscrits. Lorsque s'avance cette pesante colonne, c'est alors un bruit de pas, un tapage de portes ouvertes et fermées qui rendent impossible tout travail attentif. Il est vrai de dire cependant qu'ici la masse des visiteurs marche sans s'arrêter ; pour eux, les richesses du département des manuscrits sont lettres closes ; tout y est muet, sans physionomie, sans intérêt ; ils n'y voient que de longues et hautes armoires, de sombres et poudreux rayons et de vieux livres. Ils passent désappointés et rapides sans se douter que la collection qu'ils visitent nous est enviée par l'Europe ; que les salles qu'ils traversent comptent presque autant de savans que d'employés ; et que, lorsqu'ils entrent dans la troisième salle, ils laissent dans la seconde, assis à droite et à gauche de la porte, devant des tables en bois blanc, tout écornées, deux membres de l'Institut, hommes de beaucoup d'esprit et de rare et profond savoir, modestes comme on l'est peu, d'une obligeance à lasser les plus indiscrets, prodigues de leurs richesses en gens qui peuvent dépenser beaucoup sans s'appauvrir : MM. Hase et Guérard.

Après avoir tournoyé dans chaque salle et dans

la galerie Mazarine, la colonne des promeneurs reparaît dans le même ordre, traverse de nouveau les deux premières pièces, franchit la porte d'entrée, prend l'escalier étroit dont nous avons parlé, descend quelques marches et entre dans le cabinet des estampes.

Cabinet des estampes. — Ce cabinet est assez incommodément placé dans un entresol fort bas et qui se compose de deux pièces. La première n'est qu'une espèce d'antichambre tapissée de gravures et de lithographies depuis le parquet jusqu'au plafond. La seconde est assez grande. Toute sa décoration consiste en deux piliers de bois à peine équarri ; en casiers remplis de grands in-fol. à dos en maroquin ; et en cinq tables de bois de chêne, dont trois en forme de pupitre qui, placés transversalement, occupent presque toute la longueur de la salle. C'est là que chaque jour une foule de dessinateurs, jeunes et vieux, viennent étudier les cartons des grands maîtres de toutes les écoles. Le premier objet qui frappe les yeux est un antique portrait que l'on voit cloué à l'extrémité supérieure du premier pilier. Ce curieux monument de la peinture du xive siècle représente *Jehan roy de France*. On l'attribue au Giottino, élève de Giotto, Florentin. Il est d'une époque (1350) où la peinture à l'huile était encore inconnue, et où l'on faisait usage de l'un des procédés employés par les peintres grecs qui opéraient, comme on sait, de trois manières : à l'encaustique, à la mosaïque et à la détrempe, dite goazzo (gouache). Le portrait de Jehan appartient à cette dernière manière.

Jehan est vu de profil; il a la tête nue, les cheveux courts et la barbe naissante; il est à mi-corps, vêtu d'une toge vair foncé, avec collet herminé. Le fond du tableau est d'or mat appliqué sur toile et collé sur bois. La peinture a souffert en quelques endroits du visage, effet inévitable des ravages de plusieurs siècles et du peu de solidité de la peinture en gouache. On a eu le bon sens et le bon goût de ne pas profaner ce précieux monument par de maladroites réparations. A part les dégradations que nous venons de signaler, il est encore tel que l'ont vu les contemporains du roi Jean, il y a près de cinq cents ans.

C'est dans ce cabinet que s'opère la dispersion de la colonne des promeneurs : à peine est-elle arrivée dans la seconde salle que la solution de continuité commence. Les Anglaises, quittant leur allure lente et lourde, reprennent cette démarche décidée, sautillante, qui les fait distinguer entre tous au milieu des promenades et dans les rues; elles font le tour de la salle avec une remarquable vitesse, jetant un coup d'œil rapide sur les tables, les dessinateurs et les cartons ouverts sur chaque pupitre, puis disparaissent. Les invalides ne tardent pas à les suivre; ils ont parcouru la salle les yeux toujours fixés sur le plafond. Les campagnards sortent ensuite sans avoir regardé et vu autre chose que les fenêtres et les pavés de la cour que l'on aperçoit à travers les vitres. Le fantassin du centre marche moins vite; il regarde chaque modèle étalé sur les pupitres; mais, timide et discret, il ne s'arrête pas : un coup d'œil furtif est tout ce qu'il ose se permettre. Le provincial n'a garde de montrer le même savoir-vivre; il se plante nonchalamment derrière un dessinateur, et là, suit du regard le moindre trait échappé au crayon de ce dernier; il compare le modèle et la copie, discute le mérite de l'une et de l'autre et se tient à quatre pour ne pas proclamer à haute voix ses critiques et ses observations. L'artiste auquel cet insoutenable supplice est infligé, a beau tousser, cracher, se moucher, tailler son crayon sur toutes les faces, se retourner vingt fois sur sa chaise, lever les épaules, l'impitoyable provincial reste impassible; ce n'est qu'à trois heures, signal de fermeture et de retraite générale, lorsque tous les crayons rentrent dans leurs étuis, lorsque tous les cartons viennent à se fermer, et que chacun prend son chapeau, que, lui aussi, se décide enfin à lever la séance.

Nous ne quitterons pas la Bibliothèque du roi sans faire une observation que nous croyons utile pour compléter cette esquisse. Nous avons présenté ses visiteurs comme appartenant presque exclusivement à l'étranger, à la province et à la garnison. Nous sommes dans le vrai : il est peu de Parisiens qui connaissent l'intérieur de la Bibliothèque, et l'on pourrait parcourir les dix-neuf vingtièmes des magasins et des boutiques de Paris avant de trouver un seul citadin qui ait mis le pied dans les vastes salles de cet établissement. Ses marchands sont gardes nationaux, jurés, électeurs et même éligibles, mais pas le moins du monde bibliophiles.

Plusieurs changemens importans ont eu lieu depuis peu à la Bibliothèque du Roi. — Voyez, à cet effet, la note placée page 50, tome II.

FIN DU TOME PREMIER.

TABLE DES MATIÈRES.

	Pages.
Préface.	v
M. Henry MARTIN. — Esquisse historique.	1
I. Paris Gaulois, Romain et Frank.	Ibid.
II. Paris au moyen âge.	13
III. Paris au seizième siècle.	29
IV. Paris sous les Bourbons.	42
V. Paris depuis 1792.	64
Esquisse chorographique.	73
Paris passé et présent.	Ibid.
I. Situation, température, sol de Paris.	Ibid.
II. La Seine	77
III. Enceintes de Paris.	81
IV. Divisions de Paris. — Divisions civiles et religieuses de Paris.	88
V. Mouvemens de la population et superficie de Paris.	91
VI. Consommation, etc.	101
VII. Ponts, quais, etc.	108
VIII. Fléaux de Paris.	119
MM. Léon GOZLAN. — Paris port de mer.	127
Paul DE COCK — Les grisettes.	169

MM.

Louis REYBAUD. Les Réformateurs du xixe siècle. 181
    Saint-simoniens ; Enfantin. — Phalanstériens ;
    Charles Fourier. — L'abbé de Lamennais. —
    L'abbé Chatel.—Néo-christianisme.—M. Gus-
    tave Drouineau. — Les Templiers . . . . *Ibid.*
F. DAVIN. — Le printemps à Paris. 207
Emile DESCHAMPS. — Les bains publics 215
Alphonse KARR. — Écoles de natation 239
Auguste LUCHET. — Une messe à Saint-Roch. . . . 251
Charles REYBAUD. — Les maisons de jeu. 269
Maurice ALHOY. — Les réverbères. 297
    Le doyen des allumeurs. . . . . *Ibid.*
Michel RAYMOND. — Comestibles 315
D'ANTONNELLE. — Le marché aux vieux linges. . 351
Achille DE VAULABELLE. — Bibliothèques publi-
    ques 363
    Bibliothèque du Roi. . . . . *Ibid.*

FIN DE LA TABLE DES MATIÈRES.

www.ingramcontent.com/pod-product-compliance
Lightning Source LLC
Chambersburg PA
CBHW070853170426
43202CB00012B/2055